城市文化研究书系

文化城市

基本理念与评估指标体系研究

高福民　花　建　主编
缪　智　副主编
张佳文　施晶晶
罗幸源等　撰稿与调研

SINCE 1897
商务印书馆
The Commercial Press

图书在版编目(CIP)数据

文化城市：基本理念与评估指标体系研究/高福民，花建主编．—北京：商务印书馆，2012
（城市文化研究书系）
ISBN 978-7-100-09218-0

Ⅰ．①文…　Ⅱ．①高…　②花…　Ⅲ．①城市文化—统计指标体系—研究—中国　Ⅳ．①C912.81

中国版本图书馆 CIP 数据核字(2012)第 118357 号

城市文化研究书系
文化城市
基本理念与评估指标体系研究
高福民　花建　主编

商　务　印　书　馆　出　版
（北京王府井大街36号　邮政编码100710）
商　务　印　书　馆　发　行
三河市尚艺印装有限公司印刷
ISBN 978-7-100-09218-0

2012年9月第1版　　开本 640×960　1/16
2012年9月北京第1次印刷　　印张 13.75
定价：28.00 元

本书系为

上海高校都市文化 E-研究院　规划项目

《城市文化研究书系》弁言

城市研究是一门方兴未艾的前沿学科，主要研究城市的起源、城市的总体规划以及城市化进程中出现的诸多问题。这一学科与德国法兰克福学派的社会哲学研究与英国伯明翰学派的文化研究等交融渗透，逐渐形成当今城市文化研究这一跨学科、多视角的研究领域。就广义的文化来说，城市文化涉及到物质、制度和精神形态三个基本面。对这三方面加以共时的结构研究和历时的线索梳理，形成了该学科的细化区域。而显示对现实的洞察力，发挥学术研究回应当下问题的能力，则是城市文化研究作为新兴的跨学科研究的共有特征，也是我们编选这套丛书的基本定位。

当今，中国城市化进程正进入一个飞速发展期。城市文化建设的成就也令世人瞩目。这其中，既有对西方城市化经验和城市文化建设成果的借鉴和吸纳，也有本土的无从复制的经验可供我们总结和进一步利用。毋庸讳言，其间暴露出的诸多问题，也亟待我们用更具针对性的研究来逐一解决。

城市文化研究的学术活力是与城市发展进程以及城市文化的活力相伴共生。城市文化研究的跨学科、多视角特点，不断吸纳着具有创造活力的研究者加盟《城市文化研究书系》的建设队伍，并以学者自身的个性化研究——无论是定性的分析，还是定量的统计，无论是对城市文化有形载体的深入探究，还是对城市中飘忽的流行思想的耐心捕捉，都能或多或少拓宽这一研究的场域，并最终改变城市文化研究格局，取得学科意义上的结构性突破。编辑《城市文化研究书系》，是对国内城市文化研究最新成果的检阅，更是学科建设基础性的积累。在此，我们诚邀各位专家学者鼎力相助，以促进我国城市文化研究的学术繁荣。

编　者

2012年4月12日

文化是城市的灵魂，也是城市的面孔，只有从文化的视角，才有可能建设和管理好城市，使之成为我们的安居之所和灵魂寄托的精神家园。

为《文化城市》一书而题

孙家正

二〇一一年開年

荣宝斋

序

纵观21世纪以来的世界发展,随着全球化、网络化和数字化趋势的日益加剧,国家的核心价值观和传统文化正面临着前所未有的机遇和挑战。从文化的角度来规划国家建设的任务,以文化的资源来推进国家发展的可持续性,从文化的战略来推动国家财富的增值,在以产业知识化为主要特征的后工业化时代具有至关重要的现实意义。2009年9月国务院常务会议审议并通过了《文化产业振兴规划》,这是继我国十大产业振兴规划后出台的又一项重要的产业振兴规划,文化产业完成了从传统的文化行业到新兴产业的成功转型,标志着文化产业上升为与钢铁、汽车、纺织、装备制造等同样重要的国家战略性产业,文化产业竞争力已经成为综合国力竞争的重要组成部分。中国文化软实力的全面提升将影响国际性的意识形态和文化潮流,激活国家经济发展的综合潜力和竞争优势,对中国和平崛起起到决定性作用。

在全球各国城市化进程中,世界人口迅速向城市集聚,核心价值观和先进生产力的发展依托于城市节点以及节点所组成的复合网络体系而进行。一个国家和地区的现代化发展,日益通过城市的现代化为中心展开。城市在经济、政治、社会、文化等方面主导着世界的发展趋势。而另一方面,伴随着当今世界政治多极化和经济全球化的发展趋势,城市不仅增加了参与经济的全球流动和竞争的机遇,更多的是文化层面的国际交流和跨国合作大幅增加。在综合国力的竞争之中,文化竞争尤为突出。有鉴于此,中国城市作为国家综合实力的集中体现,必须积极贯彻科学发展观,坚持和平发展道路,树立具有中国特色、时代特点和城市特征的文化发展目标，不断深化城市文化体制改革，集聚城市文化要素，加强城市文化建设，繁荣城市文化事业和产业，提高城市文化创造力，强化城市文化功能，增强城市文化软实力和综合竞争力。

文化城市建设是一项系统工程，包括城市文化的硬件，涵盖了电视台、广播电台、博物馆、图书馆、美术馆、体育馆、展览馆、俱乐部、青(少)年宫、学校、公共休闲娱乐等场馆和设施、设备，同时包括城市文化的软件，涵盖了规划、资源、人才、政策、体制、管理、投入、意识形态等多个方面，成为软件和硬件的有机综合。它与满足人民群众日益增长的精神文化需求，以及提高市民的文化素质直接相关。文化城市建设面向广大的社会公众，涉及公共文化建设、公益文化建设和产业文化建设等多个层次，它以城市理念为指导，通过城市行为进行塑造，利用城市的视觉形象来表达，突出了城市政治环境、经济环境、文化环境和教育环境等的协调发展。

中国的城市化是21世纪影响全球的巨大工程之一，文化城市集中凸显了中国城市综合竞争力的灵魂，因此中国的文化城市建设既要吸取世界的有益经验，也要走出自己的独特道路。文化城市统计评估指标体系的产生正是基于21世纪中国现代化建设，在积极参与经济全球化的背景下，以“文化城市”为主题，以文化为中心来整合城市的各类资源，以文化为品牌来加强城市的国际和国内营销，以文化为产业来提升城市竞争力，以文化为重点来实现公民文化权利，形成从文化角度来评估城市综合竞争力和现代化发展程度的一套系统化和可操作的评估指标体系。文化城市统计评估指标体系是理论价值和实践意义的高度统一，将会采用定性分析和定量分析相结合的方式，为文化城市问题提供有力的研究依据，从而引导中国城市的文化建设不断提升综合实力，为中国的现代化建设和人类文明的进步做出更加积极的贡献。

目录

第一章
文化城市的基本定义

第一节　建立指标的重要作用

文化城市统计评估指标体系，是在21世纪中国现代化建设和参与经济全球化的背景下，以“文化城市”为主题，以文化为中心来整合城市的各类资源，以文化为品牌来加强城市的国际和国内营销，以文化为产业来提升城市竞争力，以文化为重点来实现公民文化权利，形成从文化角度来评估城市综合竞争力和现代化发展程度的一套系统化和可操作的评估指标体系。

现代化的一个重要内容就是城市化，而城市的变化常常是非线性的，充满了突变和飞跃。许多年来，自然界和人类社会中许多事物的连续的、渐变的、平滑的运动变化过程，都可以用微积分的方法来解决。例如，地球绕着太阳旋转，有规律地周而复始，使人能精确地预测未来的运动状态。但是，自然界和社会现象中，还有许多突变和飞跃的过程，把系统的行为空间变化变得不可预测。例如，科技进步突然造就了一个全新的市场，某一个重大契机导致新的城市群快速地崛起……这种由渐变、量变发展为突变、质变的过程，就是突变现象。1972年法国数学家雷内·托姆在《结构稳定性和形态发生学》一书中阐明了突变理论。以此来研究自然和社会现象，证明人们施加控制因素影响社会状态是有一定条件的，只有在控制因素达到临界点之前，状态才是可以控制的。一旦发生根本性的质变，它就表现为控制因素所无法控制的突变过程。更重要的是用突变理论对社会进行高层次的有效控制，把握事物状态与控制因素之间的相互关系，以及稳定区域、非稳定区域、临界曲线的分布特点，还要研究突变的方向与幅度。

这种突变理论应用于社会领域的一个重点就是推动城市再造和创新城市(Creative City)。从1970年代开始，面对许多发达国家城市的共同问题：经济发展停滞、基础设施老化、企业外流、中产阶级迁出市中心等，英国研究创新城市的权威机构克姆迪亚(Comedia)之创始人查尔斯·兰德瑞，在1998—1999年应邀担任世界银行的顾问，提出城市发展战略和文化的建议。他在《创新城市》一书中指出：城市动力已经发生了翻天覆地的变化，不能用19世纪和20世纪的一套思路再来解决21世纪的问题。另一位权威人士——伦敦大学规划学教授比特·霍尔在《城市文明：文化、科技和城市秩序》一书中指出：城市获得了创新的特质，从一个普通的工业化城市，或者服务型城市，转化成为一个创新型城市，就可能产生巨大的突变，从原来缓慢平滑发展的常规上，形成质的飞跃，甚至是脱胎换骨的结构与功能的蜕变，引发大量的新事物，在短时间内变得非常具有创造力和创新力，并且获得新的城市定位和角色①。

在对一个老城市的再造和创新过程中，文化规划(Cultural Planning)被放在中心的位置。文化是有生命力的，天生就与创新联系在一起。文化对城市的价值体系和发展目标形成指引，如果城市的决策者把握住文化的发展方向，将城市文化的思维融会在产业结构、基础设施、人力资源、城市营销等方方面面，决策者手上就掌握了一个推进城市综合发展的抓手。所谓文化规划，就是在对城市文化资源深刻认知的基础上，探讨城市文化资源如何有助于城市的整体发展，从而设计创新计划，确立创新项目，整合各种资源，指导创新战略的过程。

---

① 参看尹继佐主编：《世界城市与创新城市——西方国家的理论与实践》，上海社会科学院出版社2003年版。

而文化规划和文化战略的前提,就是必须建立一套科学的文化统计指标。

特别是跨入21世纪以来,城市文化在它的内涵的丰富性方面,在形式的多样性方面,在影响的广泛性方面,都表现出巨大的活力,特别是出现了在全球城市网络中,具有丰富的遗产传承、内在的创造活力、产业的运作规模、广泛的社会共享而堪称文化引领者的"文化城市",这就难以用一般性的"城市竞争力指标"来衡量,而必须建立一套专门的"文化城市统计评估指标"来衡量。所以,我们研究和设计该套体系的目的在于:

1. 把城市定位在以文化为中心的战略方向上

把城市定位在以文化为中心的战略方向上意味着,把城市文化的总体状况和发展目标,通过量化的指标分解开来,以揭示城市文化各个子系统所达到的质量和数量,分析各个分指标之间的内在联系(比如政府对文化的投入与城市文化创新力消长的关系,城市文化创新能力与城市文化产品在国内外市场上的占有率的关系,城市文化生产能力与居民文化消费结构变化的关系等),通过动态的跟踪,建立文化城市指标的数据库,从而找到内在的规律和问题的症结,形成可操作的对策。所以,战略性和可操作性是该套指标的最大特点。

跨入21世纪以来,科学技术日新月异,经济全球化突飞猛进,区域与全球城市体系逐步扩展。城市分工日益深化。城市要实现最优发展,必须扬长避短,制定正确的发展战略。科技信息化和经济全球化,同时城市进入了全球化竞争,知识经济和营销主导的新时代,城市要实现最大化发展,必须充分发挥优势和潜力,制定正确的营销战略,城市定位是城市制定发展和营销战略的核心与关键,定位准确,城市可以最有效地配置和利用城市内外的资源,最大限度地创造财富和提高城市竞争力。如果定位失误,不仅使城市失去机会,浪费资源,而且导致城市经济、社会和文化发展的滞缓。国际化和市场化的加深,加上中国城市和城市政府在经济活动和经济决策中的特殊重要性，使得正确定位，将决定着中国城市的命运。一些中国城市定位不正确，特别是忽略了文化对于城市发展的意义，包括文化资源的宝贵价值、文化消费的市场潜力、文化主题的品牌作用、文化产业的综合功能、文化定位的指南作用等，已经给城市发展带来严重的问题。

由于城市竞争是多方面的，所以城市定位的内容也是多方面的。国内外许多学者认为：城市的综合竞争力 = F（硬要素、软要素）→城市功能体系。其中：硬要素 = 生产要素 + 基础设施 + 区位环境 + 产业基础；软要素 = 文化 + 制度 + 管理 + 开放。城市功能体系 = $\sum X_{ji\cdot}$，j 表示具体专业功能，i 表示空间功能的大小。所以，X_{ji}竞争力 = F（相关硬要素、相关软要素）。这中间，当然可以分解出许多专项的指标和评估，比如从科技创新能力、经济国际化程度、健康和生态条件、适合于投资和创业的条件等，也提出了“创新城市”等方面的评估指标。但是，与此平行的是，文化与城市的关系，正在 21 世纪初叶引起了越来越广泛的关注，并且获得了越来越深入的实践和探索。

2. 使城市建设的目标与人文的价值相一致

城市能否成为更加人性化的生活环境，同时在知识经济时代具有更强大的综合竞争力，其文化成为主要因素。文化是每个国家和民族在发展过程中沉淀、累积下来的精神财富，文化因为世界的丰富多彩而多元化，而民族化，而异彩纷呈。城市则是生产力不断发展、经济积聚的产物。文化与城市有着共同的特点：一是它们都是人的“居所”，前者是精神上的，后者是肉体上的；前者是物质的形态，后者是精神的积淀。二是都有一个历史的积淀过程，任何一个在国际上产生重大文化影响的城市，都经历了一个传承和积累的过程。文化成为区分和辨别城市的基本符号，而城市也正在成为国家实力的文化代表。随着城市化进程的逐步完成，国家间的竞争正在演变为国家间主要城市的竞争。2010 年上海世博会主题论坛上有学者概括道：“19 世纪是王朝的

图 1.1　巴黎“左岸”的人文气息和精神传统。

竞争,20 世纪是国家的竞争,21 世纪是城市的竞争。”这是颇有道理的。三是都要求它们的发展指向和谐存在,文化系统和城市系统的内部都是一种系统的、有机的、相得益彰共存互荣的关系。四是都面临着全球化时代的新机遇,文化需要产业化、民族化、世界化,城市需要市场化、人文化、国际化。文化对于塑造著名城市发挥重要作用。

从全球的角度看,经济是现代城市的力量,景观是现代城市的形象,文化则是现代城市的灵魂,只有文化内涵丰富、发展潜力强大的城市才是魅力无穷、活力无限的城市,才能不断发展、不断创新、不断开拓,永远兴盛,笑傲于世界城市之林。文化与城市是个世界性的命题,它面临的最大挑战就是产业化和市场化。在文化经济一体化的形势下,要进一步促进文化与经济的良性互动,避免市场经济对文化的负面效应,从而使城市的文化与经济在双赢格局中共同进步。

比如,从美国洛杉矶的优美海滩,到香港维多利亚湾畔的中环,从东京市中心的银座,到韩国首尔最热闹的明洞,出现过许许多多的“左岸咖啡馆”。虽然这里并不在真正意义上的河左岸,但是,它却唤起了人们对著名的巴黎塞纳河左岸咖啡馆的联想,希望传承历史上的文坛精英和显贵名流。而真正的巴黎“左岸”,则是一种人文和艺术思潮的发源地。19 世纪初,塞纳河蜿蜒西流穿过巴黎市中心,河以北被称为右岸,以南则称左岸。当时的巴黎,到处充满了一种新兴的气息,一种抛弃了过去宫廷浮华,开始讲究自由平等的清新气质。塞纳河岸,一向是最容易浸染当代气氛的地方。河的右岸是新兴商业的繁华气质,林立着高大的银行和商业楼盘,河的左岸则是艺术和浪漫丰沛的人文思潮。其实,巴黎的人文精神汇聚并非局限于某一家咖啡馆,而是来自整个塞纳河左岸自由、平等、前卫和浪漫的思想。后来,从熙熙攘攘的纽约曼哈顿,到香港兰桂坊的英式建筑和蒙特利尔的圣凯瑟琳大街,出现了许多模仿的“左岸咖啡馆”,人们希望通过对左岸咖啡馆之建筑元素和品牌的仿照,带来熙熙攘攘的人文时尚和商业机会。它以一种“咖啡馆之岸”的形式,集中了巴黎人文知识分子的精神传统,传承了法国大革命以来自由、平等、博爱的民族灵魂，也是全球知识分子可以共享的一种文化财富。这种“左岸”精神活力，恰恰是巴黎这座文化名城的文化魅力之一。

3. 把城市遗产作为宝贵资源来保护和开发

2007 年 6 月，在新西兰召开的联合国教科文组织世界遗产大会上，中国石林被确认为世界遗产。在那个美丽的地方，石林人以世界罕见的喀斯特地质地貌和撒尼人的文化传奇“阿诗玛”而赢得了世界的尊重，为中国赢得了又一项世界性的财富。至此，中国被联合国认定的文化遗产数量在全世界名列第三，但是，在全世界文化遗产名录中，有三分之一是各国的历史文化名城，而中国 103 座国家级历史文

图 1.2　云南石林：世界遗产、著名地质公园和阿诗玛的故乡。

化名城中，却只有平遥和丽江两座小城列入了世界文化遗产名录，造成这一现象的重要原因就是我们的许多历史文化名城的历史风貌在城市建设中遭到破坏。

其实，文化名城的保护与发展并不是完全对立的，而是可以相辅相成、和谐互动的，对城市历史文化遗存的保护，完全可以成为推动社会进步、经济发展、人民生活提高的动力和资源，文化名城也完全可以通过保护性的开发创造新的辉煌，特别是在经济文化一体化的时代背景下，丰富和独特的城市历史文化资源将为城市发展提供强大的后发优势，为城市经济社会快速发展提供重要的动力支撑。对此，要树立可持续发展的理念，注重人文资源的保护与继承，要特别避免在城市建设中只重视物质环境改善，而忽视文化内涵构建的现象，防止出现由于大兴土木、大拆大建造成原有的具有悠久历史文化的街区、胡同、建筑物被大肆拆毁，原有的城市风貌被破坏、一片片文化遗迹销声匿迹、城市历史中断的恶果。

作为城市政府的决策者和管理者，一方面要树立可持续发展理念，树立"开发是政绩，保护也是政绩"的观念，在对历史文化资源进行有效保护的基础上，再进行开发和利用；另一方面要依托丰厚的人文资源，大力发展文化产业。文化名城具有深厚的历史文化遗存和丰富的人文资源储备，发展文化产业具有先天的基础条件和内在根基，要在做好保护性工作的前提下，充分利用这种有利条件，深入挖掘和整合城市的人文资源，拓展城市的文化产业，变文化优势为经济优势，实现文化名城的辉煌和腾飞。

第二节　城市文化的基本内涵

我们建立这套指标的前提，首先要对"文化"(Culture)做一个基本的界定。英国学者威廉斯曾说过"文化"一词是英语语言中最复杂的两、三个词之一。其实人们对"文化"一词的理解通常有广义和狭义的之分，而一般大众所理解的狭义文化是指我们日常生活中所看得见的语言、文学、艺术等活动，而作为文化研究领域里所指的文化则是广泛意义上的大文化，国内外的学者都曾从各自学科的角度出发予以了多种界定与解释。据说现在世界上有关文化的定义已达 200 多种。但比较权威并系统归纳起来的定义源于《大英百科全书》引用的美国著名文化学专家克罗伯和克拉克洪的《文化：一个概念定义的考评》一书。这本书共收集了 166 条文化的定义（162 条为英文定义），这些定义分别由世界上著名的人类学家、社会学家、心理分析学家、哲学家、化学家、生物学家、经济学家、地理学家和政治学家所界定。在该书中，两位学者把所收集的 162 条有关文化的定义分成七组，并在每一组定义后，进行综述的评判，这对理解每一组定义起到了导向作用。这七组定义分别为：描述性的定义、历史性的定义、行为规范性的定义、心理性的定义、不完整性的定义。

我们从其中的 162 条英文定义中选出典型的定义，举例如下：（1）泰勒（1871 年）认为：文化或文明是一个复杂的整体，它包括知识、信仰、艺术、法律、伦理道理、风俗和作为社会成员的人通过学习而获得的任何其他能力和习惯（属描述性的定义）。（2）帕克和伯吉斯（1921 年）认为：一个群体的文化是指这一群体所生活的社会遗传结构的总和，而这些社会遗传结构又因这一群体特定的历史生活和种族特点而获得其社会意义（属历史性的定义）。（3）威斯勒（1929 年）认为：一个社会或人类部落所遵循的生活方式被称作文化，它包括所有标准化的社会传统行为。虽然众说纷纭，但是把文化描述成为一个历史积淀的过程，是一个从核心理念逐渐外化成为行为方式、制度体系和物质成果的体系，这已经获得广泛的认同。

我国宪法第 22 条规定：“国家发展为人民服务、为社会主义服务的文化艺术事业、新闻广播电视事业、出版发行事业、图书馆博物馆文化馆和其他文化事业，开展群众性的文化活动。国家保护名胜古迹、珍贵文物和其他重要历史文化遗产。”而跨入 21 世纪以来，随着人类文明的进步和中国深化对外开放,"文化"实际上已经在中国社会中被赋予了许多新的重要内容,而日益成为丰富的社会存在。

而提出"文化城市"的前提,是全球范围内对"城市文化"的高度重视和实践。研究"城市文化"必须考虑21世纪的全球化背景。一个城市在全球化的网络中,能够发挥什么作用,不仅仅在于城市自己有什么资源,而且在于它和全世界的其他城市之间交流什么和互相贡献些什么。

这也就是说,一个城市在全球化格局中的作用,是这一个城市能否成为全球城市网络中的关键节点,成为全球流动空间中的战略支点。这里有两个测量维度:一是关联密度,即互相关联的层次越密集,节点所能完成的吸收、传递和处理的功能就越强大,该城市也就显得越重要。二是关联广度,即与其他节点的联系及相互作用越多,层次越丰富,该节点在网络结构中就越处于中心位置。其战略性的协调功能是内含于全球连通性之中,并通过全球连通性程度来体现的。

问题的关键在于:这种全球性的战略协调功能通常是以专业化为特色的。具体表现为三个方面:第一,一个城市对国内外的协调活动是无形的、个性化的、全球化的以及信息密集型的,高度集中了现代服务产业,包括设计、创意、媒体、娱乐、教育、休闲等具有文化内涵的高级服务业,具有高水平的协调与服务功能。第二,一个城市必须是形成了多极化以及各种专业性的空间结构,即中心城区高度集中了高级专业服务包括金融、法律、咨询、设计、研发、教育、物流、媒体、娱乐、休闲等,而在其外围创造出了一个绵延的包括周边中小城镇的专业化服务带。第三,一个城市必须在全球网络系统中占支配地位,其协调功能本身代表了全球的先进文化潮流,而且是全球性的或者与全球发展的前沿领域相同步的,才能对全球的资源流动和配置形成强大的作用。

有鉴于此,从1990年代末开始,发达国家对城市的塑造和对老城市的再造过程,越来越把文化规划放在中心的位置。在这里,一个城市文化的文化体系可以比作一个巨大的同心圆。它包括(1) 理念、精神、思想,即价值观念和意识形态的部分,它是整个城市文化的核心部分;(2) 法律、制度、规章、规范等,即社会规则和行为规范的部分,它是城市活动正常运作的基本依托;(3) 娱乐、休闲、媒体、旅游、教育等市民文化消费和生活质量的部分,它是城市的文化生产和人性化的生活;(4) 城市居民的社会心理、风俗、习惯等,它体现为一种城市共同的精神状态;(5) 城市的标识、风格、氛围、形象、美誉度和知名度等,它体现为一种按人的尺度营造的城市环境和城市形象。当这种城市的文化规划突破了地域的限制,而以无形的、多元包容的、平等而个性化的、全球化的以及信息密集型的服务,形成高水平的协调与辐射的时候,它就产生了一种对全球经济、社会和文化的集聚和引领功能,才能吸引海内外以创新型、知识型劳动者为首的现代生产要素大量集聚有关的城市,极大地提高这些城市的生产能量和服务能级。

图表 1. 1　城市文化规划(Cultural Planning)的圈层结构示意图

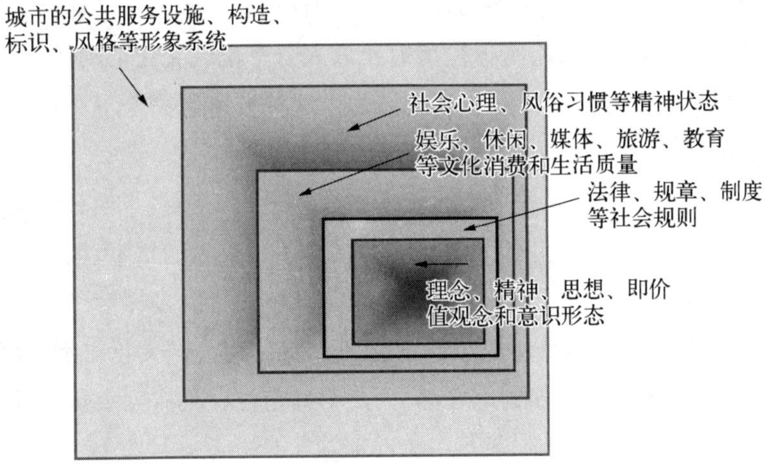

第三节　文化城市的示范意义

跨入 21 世纪以来,伦敦、东京、大阪、新加坡、香港等许多国际化城市，纷纷颁布了文化发展规划或者市长文化报告，有意推动这些老城市在原来的常规轨道上，获得巨大的飞跃，在城市定位、功能和活力方面形成质的突变，在21世纪的城市竞争中扮演首脑和先驱的角色，也就是说，成为全球意义上的文化城市。正如《纽约时报》的一位记者所说："人类的第二个千年，实际上不是以新年的钟声开始的，而是以一系列国际化城市的文化宣言开始的。"比如，颁布于2003年6月的《伦敦市长文化战略》提出了四个主要目标：

1. 强化伦敦作为世界级文化之都的优势。伦敦作为世界文化城市的地位以及由此带给市民和访问者的利益，要依靠保护和增加在伦敦的世界级文化机构、活动和文化的多样性实现。

2. 提高创造力是伦敦获取成功的关键。创造力不仅对伦敦文化展现能力非常重要，而且对创造性商业及其他更为广泛的城市经济领域卓越表现非常重要。如果没有活跃的创造力，伦敦的发展就失去了它的内在引擎。

3. 保障所有伦敦人参与文化活动的权利。伦敦人在文化活动所有领域的平等参与权，将保障所有伦敦人分享伦敦文化活动的好处，也有利于提升伦敦文化优势和创造力。这种城市居民分享文化活动的程度，也是衡量世界文化之都的一个重要指标。

4. 保证伦敦人从城市文化资源中获得最大的利益。伦敦的文化和创意部门对整个城市经济和社会生活做出了巨大的贡献，因而得到了大量的投资，要让投资有效、公平地分布于文化的多样性、展现力、创造力、参与力等方面。伦敦没有把自己定位为英国文化之都，欧洲文化之都，或者是西方文化之都，而是明确定位在具有巨大包容性和创造力的世界文化之都，就是一个明证。

正所谓："城市是文化的容器，文化是城市的灵魂。"把文化放在城市发展的中心战略地位，是一个世界性的潮流。从伦敦、东京、大阪、新加坡、香港等许多国际化城市的文化发展战略和规划中可以看出，它们所具有的共同特点是：

图 1.3　伦敦市长战略：发挥世界级文化之都的优势。

第一，文化发展是人类现代化的目标之一，也是所有城市走向现代化的重要保障。以文化规划的思维对城市的各种功能进行考察，发现城市的创新空间和创新方向，并且在周边城市圈、城市群和城市带的范围内，使自己的城市获得新的核心定位，成为一个全球文化生产的网络中的重要节点。建立无形的、个性化的、全球化的以及信息密集型的文化服务网络，高度集中了先进专业服务，具有高水平的协调与服务功能。从文化的角度考虑和制订各类公共政策，在文化资源和公共政策之间建立一种相互协同的关系，这里的公共政策涉及经济发展、住房、健康、教育、社会服务、旅游、城市规划、建筑设计、市容设计和文化政策本身。把文化资源置于创新实施的中心来整合城市的各种资源,达成城市的和谐发展,同时保持文化的地方特色。因为文化资源与其他资源不同,文化资源具有累积性和不可再生性,一种重要的文化资源的形成,往往需要经过几代人甚至十几代人的积累,从文艺复兴时期的欧洲艺术,到东南亚的吴哥古迹,所以文化资源的保护、传承和积累工作,就显得格外重要,而成为一项"功在当代,利在千秋"的常年工程。

第二,文化权利是城市公民的基本权利之一。它包括城市公民参与文化的权利、公民享受文化的权利、公民创造文化的权利、公民的文化成果受保护的权利。1966 年,第二十一届联合国大会第 2200A(XXI)号决议通过了《经济、社会和文化权利国际公约》,它宣告:"只有在创造了使人可以享有其经济、社会和文化权利,正如享有其公民和政治权利一样的条件的情况下,才能实现自由人类享有免于恐惧和匮乏的自由的理想。"它强调公民的经济权利、政治权利和文化权利具有同等的重要性,而且是不可分割的。只有在城市公民的文化权利受到充分保护和实现的情况下,公民的政治权利和经济权利才能获得真正的保障。中华人民共和国于 1997 年 10 月 27 日签署了该公约。2001 年 2 月 28 日,中华人民共和国第九届全国人大常委会批准该公约在法律意义上开始正式生效。近年来,"文化自由是人类发展的重要部分。……文化自由是人权"①。这一观念已经在国际范围内也包括在中国社会获得了越来越广泛的认同。

第三,文化是人类多样化的遗产之一。1972 年联合国教科文组织发起了《保护世界文化和自然遗产公约》,规定了三类世界遗产,即:1. 文物:从历史、艺术或科学角度看具有突出的普遍价值的建筑物、碑雕和碑画、具有考古性质成分或构造物、铭文、窟洞以及景观的联合

① 联合国开发计划署:《当今多样化世界中的文化自由——2004 年人类发展报告》,中国财政经济出版社 2004 年版。

体;2. 建筑群：从历史、艺术或科学角度看，在建筑式样、分布均匀或与环境景色结合方面，具有突出的普遍价值的单立或连接的建筑群；3. 遗址：从历史、审美、人种学或人类学角度看具有突出的普遍价值的人类工程或自然与人的联合工程以及包括有考古地址的区域。中国是联合国教科文组织世界遗产委员会的21个成员国之一，中国于1985年加入《保护世界文化和自然遗产公约》，成为缔约方。截至2007年初，中国拥有世界遗产数量34项，其中包括32项物质遗产，2项非物质文化遗产，数量之多位居世界第三，仅次于西班牙和意大利，成为名副其实的世界遗产大国。而保护和传承文化遗产，已经成为一个国家和城市文化发达的重要标志之一。必须扩大文化的包容性，包括多种族的移民、多元文化、多种学科、多层次人才的相互包容和协作，比如鼓励城市营销专家从文化项目中获得力量，开发城市的丰富内涵；鼓励艺术家参与社会服务部门的创新；鼓励社会工作者为剧院等高雅艺术场所提供延伸服务等。

第四，文化是前途广阔的产业之一。城市不能偏安一隅，而必须是从城市参与区域和全球竞争的意义上来发展自己的优势文化产业，把自己的资源和全球的资源，进行综合的配置和组合，并且转化成为规模巨大的文化产品和文化服务，扩大在全球文化产品和文化服务市场上的占有率，使之成为城市的支柱型产业和充满活力的经济增长点。跨入21世纪以来，越来越多的中国城市对文化产业的发展，倾注了巨大的精力和热情。比如，上海的文化生产力，具有在全国比较高的投入产出效率，拥有全国乃至全世界的20项第一的记录，包括全国票房最多的电影放映市场、全国票房最多的演艺市场、全国唯一的科技型国家级文化产业示范基地、全国除首都之外各省市中数量最多的上市公司（12家）、全国网络游戏产业十强中最大的数量群体（5家）、全国市场占有率最高的视频网络产业群体、全球城市中规模最大创意产业集聚区（86家）、全国第一家数字出版基地、全国最大的网络游戏和网络原创文学企业等。无论是在绝对值、人均劳动生产率和占地区经济的比重上面，上海都在全国各省市中名列前茅，成为上海走向国际文化大都市的一个重要标志。这些城市文化产业和创意经济的活跃，是多种因素复合影响的结果。其中包括人文精神，即引导城市发展的理想追求和人文价值；文化传承，即对历史遗产的尊重和对人类智慧密码的爱护；信息系统，即覆盖整个城市社会而便利信息沟通的大系统；产业竞争，即各类创新要素可以在产业竞争中发挥引领作用；市场环境，有利于各类要素优化配置的公开、公平和规范的市场环境等。正是这些要素的复合作用，才构成了文化产业和创意经济成长的沃土。

图 1.4　田子坊：首批 15 家上海市文化产业园区之一。

图表 1.2　影响城市文化发展的多种规律示意图

人文精神规律	观念的导向性
文化发展规律	历史的传承性
信息传播规律	传播的数字化
产业竞争规律	创新的领先性
市场交易规律	资本的趋利性

第五,文化是城市安全的重要组成部分。一个城市的文化安全,集中体现在两个维度上:(1)文化系统的协调性;(2)文化发展的进步性。前者强调的是:文化系统的各个层面之间,要保持相对的和谐,同时,文化又要与政治、经济和生态系统的发展保持必要的和谐。整个城市的安全质量提高了,文化安全的作用也会凸显出来。近150年来全球最深刻的文化变化之一,不仅仅在于各种文化体系的逐步沟通,更在于历史上第一次形成了全球化的以现代化为导向的共同文化潮流。尽管各种文化体系在语言、宗教、形式上有所不同,但是通过比较先进的文化对相对落后文化的影响和带动,文化的载体——人,都受到这一场潮流的深刻影响。任何一场科学技术的进步,同时又是一次深刻的文化变革,是人们观念、意识、工具和体制的深刻革命。越来越多的民族和群体,树立起文化的自觉,在发展和竞争的潮流中,逐步去淘汰蔑视工商、崇拜强权、宗教极端、追求分裂、等级歧视、相信命运、封闭守旧、破坏生态环境等消极观念,而倡导鼓励竞争、诚实守信、尊重工商、重视创新、支持开放、崇尚平等、推崇法治、尊重人权、爱护生态,以及和自然相协调的可持续发展的进步观念等。这种文化的进步越快、越深刻,对城市的推动力就越强烈。反过来说,如果一个城市的文化体现出一种反现代化、反民族化、反科学技术、反文明潮流的趋向,那么,它实际上就陷入了深刻的危机,而导致城市发展的停滞甚至倒退。城市文化安全问题的背景,首先在于当代霸权主义对城市文化

的冲击和控制。经济全球化的一个重要表现，是全球文化市场的形成。以美国为首的西方发达国家在文化产业领域占有巨大的优势，这首先在于跨国公司形成了覆盖全球的生产能力和市场推广系统，能够在全球范围内调配和使用各种资源，又把自己的文化产品推广到了世界各地。此外，城市文化安全问题，还和信息化的冲击有关。信息化一方面极大地推动了信息交流，改变了人类的生产方式和生活方式，演化成为一场深刻的社会革命；另一方面，正像历史上某些新技术的出现突破了人类既有的伦理和行政管理框架一样，先进的科学技术改变了文化的生产形态和消费形态，积极向上的文化内容可以利用这些工具和载体，而消极堕落的文化内容也可以利用这些工具和载体。近年来，“网络黑客”、“网络病毒”、“网上垃圾”、“网上诈骗”层出不穷。而且这种网络的黑势力，有可能与霸权主义结合起来，成为冲击各个城市的网络运行，颠覆文化安全的一股逆流，形成反人类文明的一种严重危害。所以，一个文化城市，必然是在文化安全方面，具有自觉的防范意识和系统的防范措施，给人以文化安全感的城市。

第四节　文化城市的基本特点

可以这样说，“城市文化”和“文化城市”是两个对立统一的范畴。“城市文化”指每一个城市都要在发展中建立的文化系统，包括基础设施、理念、精神、思想、制度、管理、标识、形象等，它有初级与高级之分，也有特色和平淡之别。而“文化城市”仅限于那些在城市文化建设中，起到示范作用和先导作用的城市。它们是城市文化的精华之所在，代表了城市文化发展的世界潮流。好比对于女性来说，爱美之心，人皆有之，每一个女性都可以展示和维护自己的女性之美；而只有集中了女性美之精华的女子，才能在激烈的竞争中脱颖而出，成为美的代表，获得“亚洲小姐”、“环球小姐”、“世界小姐”的桂冠。所以，21 世纪的“文化城市”，其核心是一种以文化资源为客观生产对象，以审美机能和创意开发为主体劳动条件，以文化创意、艺术设计、景观创造等为中介与过程，以适合人的审美生存与全面发展的社会空间为目标的城市理念与形态。而从操作评估的意义上说，“文化城市”的基本特点是：

第一，具有长远并且可行的文化规划。它意味着以文化规划的思维对城市的各种功能进行考察，发现城市的创新空间和创新方向，并且在周边城市圈、城市群和城市带的范围内，使自己的城市获得新的核心定位，成为一个全球文化生产的网络中的重要节点。建立无形的、个性化的、全球化的以及信息密集型的文化服务网络，以高度集中了先进专业服务，具有高水平的协调与服务功能。

第二，具有文化的公共政策和管理体系。它意味着从文化的角度考虑和制订各类公共政策，在文化资源和公共政策之间建立一种相互协同的关系，这里的公共政策涉及经济发展、住房、健康、教育、社会服务、旅游、城市规划、建筑设计、市容设计和文化政策本身，也包括实施这些政策的公共管理系统，包括政府部门和其他公共机构。

第三，拥有丰富而得以科学开发的文化资源。它意味着一个城市把文化资源，包括具有科学、人文和审美价值的遗址、古物、古树、工业遗产以及非物质性的文化遗产，作为最重要而不可替代的资源之一，加以严格而科学的保护，不断拓展对文化资源的认识和保护水平。城市把文化置于创新实施的中心上来，由此整合城市的群体各种资源，如土地、投资、能源、品牌等，达成城市的和谐发展。在全球文化竞争中，形成文化资源优势的两个关键是：1. 善待和珍惜文化的遗产，使它们在不断地积累中增加遗产的内涵；2. 开发遗产而使之造福人类，让文化资源能够不断地转化成为文化产品和文化服务，让城市的全体居民共享。一个城市的总体规划只有与一个地方的文化相协调，才能达成整体的鲜明的效果。

第四，具有文化形态的多元化和包容性，它不但包括多种族的移民和多元文化，也包括多种学科、多层次人才的相互包容和协作，不惧怕领先的挑战，不嘲笑事业上的失败，不打压观念上的新奇，不歧视生活方式上的独特，体现出一种文化平权主义和创新潮流。比如鼓励城市营销专家从文化项目中获得力量，开发城市的丰富内涵；鼓励艺术家参与社会服务部门的创新；鼓励社会工作者为剧院等高雅艺术场所提供延伸服务等。

图表 1.3　文化爆轰模型——城市文化创造对相关产业的拉动示意图

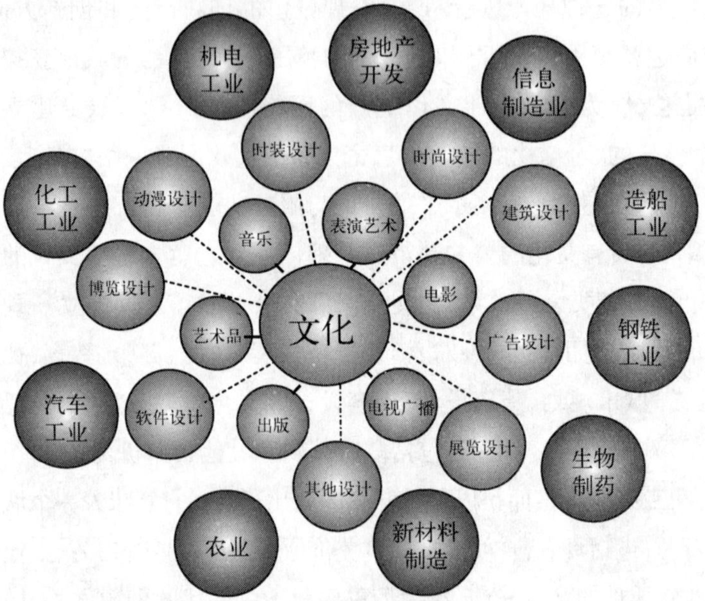

第五，具有辐射海内外的文化产业，使文化产业在产业结构转变中起着领头羊的作用，并且在海内外的文化市场占有一席之地。城市在使用文化资源方面不是偏安一隅，而是从城市参与区域和全球竞争的意义上来发展自己的优势文化产业，把自己的资源和全球的资源，进行综合的配置和组合，并且转化成为规模巨大的文化产品和文化服务，扩大在全球文化产品和文化服务市场上的占有率，使之成为城市的支柱型产业和充满活力的经济增长点。文化产业的一大特殊性，就是要在“实体生产”和“虚拟运作”、“真刀真枪”和“头脑风暴”之间，形成一种循环式的互动关系。2007 年的朝鲜半岛南北方领导人的跨界会谈，有一个有趣的插曲，韩国总统卢武铉向朝鲜最高领导人金正日赠送了韩剧《大长今》、《共同警备区》、《亲切的金子》等一批影视作品的 DVD，被誉为“跨界的韩流”，再次引起了人们对韩剧的热烈议论。其实，《大长今》等的剧情是艺术虚构的，她们所提供给人的是一种纯精神的消费。但是，当《大长今》等与韩国旅游景区的开发、特色商品的推广、韩国工业的推广、首尔等城市的品牌打造结合起来，就大大拉动了制造业、种植业、旅游业、房地产业等的附加值，“虚拟运作”的价值就转化成为“实体生产”的产品，而且沉淀为快速增长的财富。从这个意义上说，韩国虽然国土不辽阔，但是它的文化生产能力正在不断地增长，而且努力与汽车、电器、造船、软件等产业结合起来，为社会创造更多的财富。

图 1.5　“韩流”源头：韩国的影视外景拍摄基地。

有鉴于此,近年来倡导、评选和推崇“文化城市”的呼声不绝于耳,而且全球有识之士对中国“文化城市”也日益表现出浓厚的兴趣。2005年9月20日,75岁的“现代营销学之父”菲利普·科特勒博士在考察了中国古都西安之后,为中国文化的博大精深而感叹不已,也为西安保存了如此丰富的城市文化遗产而赞不绝口。他提出:“我有一个建议,西安应该领头发起世界文化城市评选活动,西安有这样的资格。”菲利普·科特勒博士认为:在这样的世界性的评选中,西安应该是“Number One”。[①] 在今天的世界上,由于市场竞争的加剧,对于每一个城市来说,几乎都是以国民生产总值来衡量城市的发展。但是,要对一个城市的发展度进行衡量,不仅要从经济的角度,而且要从国民的幸福感,从城市犯罪率的高低,以及国民的健康程度等其他社会指标进行衡量,特别是要从文化价值的角度进行广泛衡量。科特勒博士说,对于许多欧洲国家来说,他们每年都会选出一个城市,并命名为“最宜居城市”,这项活动广受欢迎,而且选举出来的城市名字每年都要被更换,代表欧洲人对城市文化的要求,不断提到一个新的高度。其中,文化的特色、历史的遗产、艺术的范围等,都是最重要的考量之一。

文化城市统计评估指标体系,将从定性分析和定量分析的意义上,体现文化是城市综合竞争力的灵魂和重要组成部分。它不仅仅要有回顾和总结的意义,覆盖传统意义上的文化艺术事业、新闻广播电视事业、出版发行事业、图书馆博物馆文化馆和其他文化事业,以及群众性的文化活动,对城市已经积累和将要积累的文化资源,进行跟踪和检验;而且有国际性的视野和前瞻引导的意义,即对城市文化所面临的重大问题,具有检测指标和评估标准的双重意义,发挥价值判断的引导意义,成为一部具有时代特点、中国特色的文

① 《文化是城市的灵魂——高端人士在曲江论坛就“文化与城市”主题阐述的主要观点》,《光明日报》2005年9月20日。

化城市统计评估指标,形成“中国标准”和“中国学派”,引导中国城市的文化建设,更快地提升综合实力,为中国的现代化建设和人类文明的进步做出贡献。

第二章
城市评估的多种理念

文化城市的理念和指标不是孤立的，不是与其他城市指标截然区分的，而是如同心圆一样，层层展开，与城市多方面的功能和要求相互渗透，吸收了其他城市评估的理念和指标，并且在相互重叠、相互交换信息中加强文化城市评估的特色和能级。把文化作为城市的一个重要资源和功能，开展对城市的统计评估，是近年来的一个国际潮流。越来越多的专业人士认识到：世界上的城市各种各样，现有的统计评估指标不可能涵盖一切，囊括所有的城市和所有城市的所有功能。这样做的结果，只能是束缚人们的视野，在实践中也无助于发挥城市的特色，难以提升城市的功能。而且随着现代化的进程和科技进步的强大推动力，人们完全可以从不同的角度重视文化，突出城市发展的不同主题，形成城市发展的不同理念和评估的不同类型：1. 创意城市；2. 创新城市；3. 世界遗产城市；4. 山水城市；5. 健康城市；6. 数字城市；7. 生态城市；8. 幸福城市；9. 文化城市。

第一节　创意城市的理念

跨入21世纪以来，美国卡内基·梅隆大学教授，研究区域经济发展的城市经济学家理查德·佛罗里达和哈佛大学的城市经济学家爱德华·格里则等人，在研究城市产业变化、人口组成变化以及城市氛围变化的基础上，提出了创意城市（creative cities）的概念①②。

理查德·佛罗里达等人指出，创意型城市必须具备“3T”要素，即技术（Technology）、人才（Talent）和包容（Tolerance），它们相互补充，是创新型城市形成的充分必要条件。

1. 人才和创意阶层

当代社会，知识和创意或者人力资本或人才正在替代传统的自然资源和有形劳动成为财富创造和经济增长的主要源泉。在创意经济时代，一个城市的竞争优势来自能够迅速地动员这些人才资源把创意转化成新商业商品。因此，一个城市的优势在于能够吸引人才。美国的社会阶层构造发生了主要变化。除了劳动阶层（working class）、服务阶层（service class）以外，一个新的阶层在悄然兴起，那就是创意阶层或创造阶层（creative class）。属于创造阶层的人们从事各种不同的行业，但其中一个共同点就是他们经常会有创新的想法，发明新的技术，从事“创造性”的工作。创造阶层的出现对城市和社区的未来有深远的影响。一般来说，在劳动阶层和服务阶层中，按工作计划不加思考地进行工作的人居多。而创造阶层更加自主灵活，在工作中充分发挥个人的创造性，进行各种新的尝试。理查德·佛罗里达把创造阶层分成“具有特别创造力的核心人员”和“创造性的专门职业人员”两个组成部分。前者包括引导当代社会潮流的科学家、大学教授、诗人、小说家、艺术家、演员、设计师、建筑师、编辑、文化人士、咨询公司研究人员以及其他对社会舆论具有影响力的各行各业人士，后者包括高科技、金融、法律及其他各种知识密集型行业的专门职业人员。

2. 技术与创意产业

这里，技术可以定义为一个城市的创新和高科技的集中表现，创

---

① 理查德·佛罗里达：《创意新贵》，宝鼎出版社 2004 年版。
② 理查德·佛罗里达：《创意新贵 II》，宝鼎出版社 2007 年版。

图 2.1　美国圣达菲市：联合国教科文组织命名的创意城市——手工艺和民间艺术之都。

意产业在不同的国家或者不同的组织有不同的定义。例如，联合国教科文组织定义创意产业为结合创意生产和商品化等方式，运用本质为无形的文化内涵，这些内容基本上受著作权保护，形式是物质的商品或非物质的服务。这些定义中有一个共同点就是属于智力型的产业。创意产业的内容包括科学、工程、设计、艺术、管理、会计、医疗、法律等。评价创意产业的指标有 R&D 指标和专利指标。高科技、研究、艺术、文化、娱乐、计算机、软件、小型新企业、科学、医疗、体育等创意产业对聪明的年轻人具有巨大的吸引力。关注于城市兴衰机制的城市理论认为，一个地方具有吸引力，常常表现为新工业起步，就业机会增加，这带来了新住户和游客的进入以及新企业和投资的增加，人口增加和企业的进入推动了房地产的需求和基础设施水平上升，而同时其价格也会相应提高，从而促进当地就业和经济发展。创意时代反映了创意产业发展的潮流，城市的发展应该适应这种潮流，抓住机遇，为创意阶层提供创意产业发展空间来吸引创意阶层，从而来推进一个地区和城市的经济繁荣和增长。

3. 包容与公共社区

包容可以定义为开放、宽容和多样性。包容在吸引创意人才以及支持高科技产业发展和城市经济增长方面具有关键作用。城市经济学家很早以前就认为多样性对城市经济的发展是很重要的。换言之，多样性可以提高一个城市吸引创意人才的能力。一个具有开放的和低门槛的城市在吸引创意人才和人力资本中具有绝对的优势，从而可以产生和吸引高科技产业，实现城市经济繁荣。包容和多样性可以有利于高科技的集中和成长。有才干的人喜欢到开放和具有容忍以及能提供生活质量的地方去。一个地方越是多样性和多文化，对他们越具有吸引力。能吸引这些具有创意人才的地方可以吸引公司和产生更多的创新，从而实现当地的经济良性循环。

理查德·佛罗里达在2004年与他人合作完成的《创意时代的欧洲》报告中所采用的“欧洲创意指数”是体现这“3T”要素的典型。

“欧洲创意指数”主要由三方面指标构成：“欧洲人才指数”包括：创意阶层指数，即创意从业人数占整个从业人数的百分比；人力资本指数，即25—64岁人群中拥有学士或以上学位的人数比例；科技人才指数，即每千名工人所拥有的从事研究性工作的科学家与工程师的数量。一般而言，创意阶层指数最高的国家，人力资本指数和科技人才指数这两项也相应的比较高。“欧洲技术指数”包括：研发指数，即研发支出占GDP比重；创新指数，即每百万人拥有的专利申请量；高科技创新指数，即每百万人拥有的在生物技术、信息技术、制药以及航空等高科技领域的专利数。“欧洲包容性指数”包括：态度指数，即主动或被动宽容的人数占总人数的比例；价值指数，即一个国家将传统视为反现代的或世俗价值观的程度，这类指数通过一系列的提问得出，其中包括对上帝、宗教、民族、权威、家庭、妇女地位、离婚、堕胎等的态度；自我体现指数，即代表一个民族对待个人权利和自我体现的重视程度，该指数也通过一系列的提问得出，包括对自我体现、生活质量、民主、科技、休闲、环境、信任、政治异议、移民、同性恋等的态度。

随着创意城市概念的推广，香港也提出了香港创意指数。香港的创意指数研究主要是参考国际通行的城市竞争力指数和欧洲创意指数，且综合香港特区教育、科技的概念等多方面实际情况而提出。包括创意成果、结构/制度资本、人力资本、社会资本、文化资本指数等五个方面。

在中国大陆地区，上海市创意产业近年来取得蓬勃发展。为了衡量和准确把握上海创意产业的发展，上海市创意产业中心于 2006 年根据统计局公布的数据，参考国外编制方法，结合本地实际情况，率先制定了城市创意指标体系，其中包括产业规模、科技研发、文化环境、人力资源、社会环境五大指标体系，33 个分指标体系。这也是国内首个城市创意指数，填补了中国大陆地区的创意评估指标体系的空白。

总指标体系包含下列七项：产业规模指标、科技研究与发展指标、人力资源指标、文化环境指标、社会环境指标、政府投入指标以及竞争力指标。

这七项指标可以具体细分为：

产业规模指标：总产值、年增加值、从业人员总数、文化事业规模、年成长率、从业人员占全国劳动人口的比例、创意产业值占 GDP 的比例、创意产业人均 GDP 的比例；

科技研究与发展指标：研发投资金额的总数/增长率、政府对研发部门的投资、民间对研发部门的投资、高技术产业拥有自主知识产权实现产值占 GDP 比重、研发经费支出占 GDP 比值；

人力资源指标：高级专业人员的总人数/比率/增长率、新增劳动力人均受教育年限、教育/训练经费的金额/比重/增长率、文教类组织的总数/增长率；

文化环境指标：民众文化消费占总支出中的比重、民众文艺活动参与次数、平均人数、家庭文化消费占全部消费的比重；

社会环境指标：全社会劳动生产率、增加值率、资金利税率、百元固定资产实现增加值、社会安全指数、人均城市基础设施建设投资额、民间创意事业单位的经营自给率、民间创意事业单位在基础设施建设方面的投资额；

政府投入指标：创意事业财政补助、创意事业财政补助占全部财政支出的比重、人均文化事业财政补助、创意事业基建投资额、年末固定资产原值、奖励资金/金额总数/比重；

竞争力指标：国际贸易进出口值、华人市场的营收总值/占有率/增长率、亚洲市场的营收总值/占有率/增长率、（亚洲以外）全球市场的营收总值/占有率/增长率。

根据创意城市的定义和考查指标的分析，应关注以下三方面内容：

1. 关注吸引创意人才的利便设施

创意型城市的人才环境涉及城市利便设施的概念。理查德·佛罗里达分析了一个地区吸引创意人才应该具备的基本条件。佛罗里达的假说是，在物质生活已比较丰富的后工业社会中，人们对工资等经济条件的关注降低，但对城市的音乐、艺术等人文环境，对气候、湿度以及绿化等自然环境等城市利便条件的需求会越来越高。确实，美国的许多创意城市，都有比较完善的健身和休闲设施，而且普遍有良好的生态环境，能够让创意一族在“紧张”与“放松”、“压力”与“兴奋”的交替中，激发最大的创造热情。哈佛大学的城市经济学家爱德华·格里则强调了四种城市利便性：充实的商品市场及服务；由优美的建筑和城市规划等形成的良好城市外观;低犯罪率,良好的学校等完备的公共服务;便捷的交通及通讯基础设施。

2. 加强有利创意产业的区域联动

创意型城市的技术环境,主要是通过企业园区提供各种创意产业发展的机会,兼顾原始创新和引进创新。在创意经济的时代里,一座国际化大都市往往是科研力量和创新的集聚地,成为全球或地区创新之源,创造新产品、新技术,引领科技新潮流。创新能力成为一座城市国际地位的重要标志。统计资料表明,比如,在全球率先倡导创意产业的英国首都伦敦,聚集了英国四分之一的教育科研机构,吸引了英国40%的风险投资,60%的人从事与教育和科技相关的行业。

3. 发展有更大包容性的城市社区

城市的宽容环境,主要是建设能容忍多样性的体制条件的包容社区,例如国际市民住宅区。目前,作为"民族大熔炉"的纽约,有近800万人口来自世界各地100多个民族,其中犹太人有200万左右,非洲裔黑人有200万人左右,华人也有60多万。同时,建立宽松、有序和多元化的社会文化环境,也很重要。理查德·佛罗里达曾经指出一个意味深长的现象:在最富于创意活力的地区,也是科技研发人员和文化艺术人才都能各得其所的地方。在许多创意城市里,似乎集中了两种不同的人。一种是严谨而认真的科学家、工程师、设计师、建筑师等,充满了科学思维的认真精神;而另一种是地地道道的"波西米亚人",包括艺术家、文化人、传媒工作者、各种自由职业者等,充满了异想天开的创造和想象。其中还包括了各种各样文化背景的移民群体,带来了形形色色的文化信息。因为恰恰是这多种人才和文化背景的整合,带来了人文与科学、严谨与浪漫、理念与操作的碰撞,形成了各种各样的头脑风暴,这就需要创意城市具有更为和谐宽容的氛围。此外,不但要建立制度上的信任,而且要有广义上的信任,也就是政府对

图 2.2　英国爱丁堡：全球创意城市——文学之都。

国有资本和民营资本的一视同仁，政府对各种非政府组织的平等信任，各种社会群体之间的广泛信任。

第二节　创新城市的理念

创新型城市是指主要依靠科技、知识、人力、文化、体制等创新要素驱动发展的城市，对其他区域具有高端辐射与引领作用。创新城市本质上是城市发展模式的重大变革。就是以其持续不断地创新，推动、促进整个城市在新技术突破及其产业化基础上实现经济社会更大的发展,从根本上改变原有的经济增长方式,使经济结构实现根本性的调整,国际竞争力得到前所未有的提高。

从世界范围来看,创新型城市并没有一个绝对的标准。事实上,由于不同的城市有不同的情况和不同的发展水平,因而也就应该有不同的创新特征和标准。但最为重要的是首先要建立起一个非常有利于支撑创新创业的整体环境,使城市的经济发展和社会演进在高新技术有所突破,并在实现产业化基础上,能持续不断地创新,使创新型城市成为创新创业的"栖息地"。正如硅谷被人们称之为"创新谷"一样,尽管谷内经济和社会因素在不断地演变,但其"持续不断地创新"的发展态势不变。

"硅谷栖息地"有以下十个特点:

1. 良好的游戏规则,包括法律、法规、体制和管理。体制有利于创业,管理、法律、法规则是硅谷能够实现卓越的必要条件。

2. 知识密集与新的创意能够得到广泛交流。

3. 流动的高质量的劳动力。硅谷是吸引人才的磁石,世界各地的优秀人才不断地涌向硅谷。

4. 以结果为导向的精英体制,才华与能力主宰了硅谷的发展活力。

5. 鼓励冒险和容忍失败的良好氛围。承担风险与乐观创业精神成为硅谷文化的重要组成部分。

6. 开放的商业环境。在这种开放的环境中,个人之间乐于进行双赢的知识交流。

7. 产、学、研互动。人们所拥有的思想和知识,可以进行双向或多向的流动。

8. 企业、政府与非盈利机构的合作。各种组织之间建立起一致的目标,政府制定前瞻性政策,保证硅谷能长期实现可持续发展。

9. 高质量的生活,吸引各地人才来此创业。

10. 专业化的商业服务机构,包括融资、律师、猎头公司、会计事务所、咨询顾问等。

从硅谷的案例,可以看出创新型城市具有四个基本特征:第一,知识、科技、人力资本成为创新的核心要素;第二,创新型产业和创新型企业是城市经济构成的主体;第三,集聚和配置创新资源能力强,实现经济增长方式转变的可持续发展的城市;第四,成为区域科技创新中心或创新文化中心。

目前在经济全球化背景下,自主创新能力和水平日益成为影响参与国际竞争的重要因素。提高自主创新能力已经成为我国的国家战略。自主创新是与模仿、引进相对应的概念,指以获取自主知识产权、掌握核心技术为宗旨进行的自主创新活动,一般包括原始创新、集成创新和消化吸纳创新三种形式。即使是在文化领域,一个城市的活力也和三种形态的创新密切相关。

首先是原始型的创新。它集中表现为内容、主题、知识的创新。因为文化产业的主要产品是知识型、智慧型、文化型的产品和服务,文化产业的内容是核心价值所在,文化产业的创新首先是内容的创新,从而给整个产业链提供了后续开发的空间。如风靡全球的电影系列片《哈利・波特》,就是依托英国作家罗琳的原创小说《哈利・波特》,而系列电影《指环王》,则是改编自英国作家托尔金的长篇小说。一个城市能够在内容创意方面,不浮躁,不轻抛,有厚积薄发之作,才能做出历久弥新的悠远名篇。

其次是组合型的创新。文化产业作为一种经济形态,需要创新的研发、营销、生产、推介等模式,需要创新的业态。DELL 公司在电脑技术开发上并没有特别突出的贡献,但由于创造了新的营销模式,所以大获成功。这对于中国文化产业更具有挑战性,要善于把国际上优秀的人才和技术等进行融合。深圳华侨城发展文化旅游产业,开发东部的"跳棋"战略,都体现出了组合型创新的优势。

再次是消化型的创新。对于中国这样的后发国家来说,为了后来居上,奋起直追,需要对境外的技术专长和管理模式加以消化,结合自身条件进行创新，从而以最小的投入获得最大的产出。深圳的田面创意产业园区等，就吸收了英国、日本等园区建设的经验，成为一个消化创新的良好案例，并且有待于探索进一步的运作模式。

为促进自我创新能力的提升，国家统计局与2005年11月发布的自主创新能力指标，其中包括了可作为创新型城市的主要指标体系。创新型城市六个主要指标为：技术进步对经济增长贡献率70%以上；发明专利申请量占全部专利申请量70%以上；企业专利申请量占全社会专利申请量70%以上；社会研发投入占GDP的比重超过3%以上；企业研发投入占销售收入比重4%以上；高技术产业产值占工业总产值的比重35%以上。

图表2.1　自主创新能力指标比较①

	美国	中国	深圳	大连
技术进步贡献率	75%	40%	55%	45%
发明专利所占比重	80%	16%	23%	20%
高新占工业产值比重	60%	13%	53%	46%
R&D占GDP比重	4%	1.3%	3.7%	1.5%
企业占社会R&D比重	95%	61%	96%	46%

为充分发挥科技作为第一生产力的作用，提高科技进步对经济社会发展的贡献率，让自主创新真正成为调整经济结构、转变增长方式的中心环节，建设创新型城市必须抓住若干关键环节：

1. 汇聚人才资源。牢固树立人才是第一资源和第一要素的观念，要完善各种激励机制，特别是为人才创造发展的机会，随着城市各类机会的不断汇聚和人才创业条件的逐步完善，形成各类人才创新创业的热土。

2. 培育创新氛围。要弘扬敢为人先、敢冒风险、敢于创新、勇于

① 参看国家统计局网站 www.stats.gov.cn 提供的资料。

竞争和宽容失败的人文精神，使创新文化成为城市精神的重要内涵，讲科学、爱科学、学科学、用科学成为城市的社会风尚，全面优化创新环境。

3. 突出科教优势，真正形成一批富有活力的科研机构、工作室和实验室，以它们作为主体，拥有一批立于先进科技之上的战略性产业。

第三节　世界遗产城市的理念

“世界遗产城市”是指城市类型的世界遗产，其性质类似于中国的“历史文化名城”，可以说是世界级的历史文化名城。

世界遗产城市联盟（或译世界遗产城市组织，法文：organisation des villes du patrimoine mondial，简称 OVPM；英文：organization of world heritage cities，简称：OWHC；西班牙文：organización de las ciudades del patrimonio mundial，简称 OCPM），是联合国教科文组织的一个下属组织机构，是一个非营利性、非政府的国际组织，于 1993 年 9 月 8 日在摩洛哥的非斯成立，总部设在加拿大的魁北克市。该组织的宗旨是负责沟通和执行世界遗产委员会会议的各项公约和决议，借鉴各遗产城市在文化遗产保护和管理方面的先进经验，进一步促进各遗产城市的保护工作。

该组织已经有 200 多座被列入联合国教科文组织世界遗产名录的城市作为成员，其中，7 座在撒哈拉以南非洲，36 座在拉丁美洲和加勒比地区，30 个在亚洲（除阿拉伯国家和土耳其）及太平洋地区，124 座在欧洲（包括土耳其）和北美（只有加拿大），21 座在阿拉伯国家，其中还有 7 座城市为其观察员。

中国有 5 座被列为世界遗产城市，其中观察员城市 1 座。这 5 座城市分别为：

1. 苏州（观察员）：拥有世界文化遗产——苏州古典园林（共 9 座，包括拙政园、留园、网师园、环秀山庄、沧浪亭、狮子林、耦园、艺圃和退思园)、人类口述和非物质遗产代表作——昆曲和古琴。

苏州是国务院首批命名的"历史文化名城",建城已有2500多年的历史,全市现有各级各类文物保护单位539处,1997年,拙政园、留园、网师园、环秀山庄作为古典园林的典型例证被联合国教科文组织列入《世界遗产名录》,2000年沧浪亭、狮子林、耦园、艺圃、退思园为扩展项目亦被列入名录。2001年5月18日起源于苏州的昆曲被联合国教科文组织命名为"人类口述遗产和非物质遗产代表作"称号。2003年11月7日,中国古琴艺术被联合国教科文组织授予"人类口述和非物质遗产代表作"的称号,这是继昆曲被授予这一称号后,中国第二个入选的项目,古琴艺术的突出价值得到了世界公认。随后,2006年,在首个国家"文化遗产日"前夕,苏州市成为"世界遗产城市联盟"第209个城市。

苏州园林是指中国苏州城内的园林建筑,以私家园林为主,起始于春秋时期的吴国建都姑苏时(公元前514年),形成于五代,成熟于宋代,兴旺于明代,鼎盛于清代。到清末苏州已有各色园林170多处,现保存完整的有60多处,对外开放的园林有19处。占地面积不大,但以意境见长,以独具匠心的艺术手法在有限的空间内点缀安排,移步换景,变化无穷。苏州园林满足世界文化遗产下列评定标准:

① 代表一种独特的艺术成就,一种创造性的天才杰作;

② 在一定时期内或世界某一文化区域内,对建筑艺术、纪念物艺术、城镇规划或景观设计方面的发展产生过重大影响;

③ 能为一种已消逝的文明或文化传统提供一种独特的至少是特殊的见证;

④ 人类历史发展中某——建筑风格的杰出范例;

⑤ 作为传统的人类居住地或使用地的杰出范例,代表一种(或几种)文化,尤其在不可逆转之变化的影响下变得易于损坏。

世界遗产委员会同时给予苏州园林以盛誉:

没有哪些园林比历史名城苏州的园林更能体现出中国古典

园林设计的理想品质，咫尺之内再造乾坤，具有缩龙成寸的精美构思。苏州园林被公认是实现这一设计创意的典范。这些建造于11—19世纪的园林，以其精雕细琢的设计，折射出中国文化中取法自然而又超越自然的深邃意境，而给人以长久的艺术享受。

图2.3　苏州博物馆新馆成为传承文脉的创意之作。

2. 丽江：拥有世界文化遗产——丽江古城

具有800多年历史的丽江古城，坐落在丽江坝子中部，面积约3.8平方公里，始建于南宋末年。是元代丽江路宣抚司，明代丽江军民府和清代丽江府驻地。古城心脏四方街明清时已是滇西北商贸枢纽，是茶马古道上的集散中心。

丽江古城是一座具有较高综合价值和整体价值的历史文化名城，它集中体现了地方历史文化和民族风俗风情，体现了当时社会进步的本质特征。流动的城市空间、充满生命力的水系、风格统一的建筑群体、尺度适宜的居住建筑、亲切宜人的空间环境以及独具风格的民族艺术内容等，使其有别于中国其他历史文化名城，为中国古代城市建设之瑰宝。1986 年丽江古城被国务院公布为中国历史文化名城；1997 年 12 月 3 日，被联合国教文组织正式批准列入《世界遗产名录》，成为全国首批受人类共同承担保护责任的世界文化遗产城市；2001 年 10 月，被评为全国文明风景旅游区示范点；2002 年，荣登“中国最令人向往的十个城市”行列。

丽江古城满足世界文化遗产下列评定标准：

① 在一定时期内或世界某——文化区域内，对建筑艺术、城镇规划或景观设计等方面的发展产生过重大影响；

② 人类历史发展中某——建筑风格的杰出范例；

③ 作为传统的人类居住地或使用地的杰出范例，含有一种（或几种）文化特性。随着人类历史的发展，不可避免地面临着逐渐消亡的局面。

因此世界遗产委员会对于丽江的评价是：

> 古城丽江，把经济和战略重地与崎岖的地势巧妙地融合在一起，真实、完美地保存和再现了古朴的风貌。古城的建筑历经无数朝代的洗礼，饱经沧桑，它融汇了各个民族的文化特色而声名远扬。丽江还拥有古老的供水系统，这一系统纵横交错、精巧独特，至今仍在有效地发挥着作用。

3. 承德：拥有世界文化遗产——承德避暑山庄和外八庙

承德避暑山庄和外八庙是指避暑山庄及周围寺庙，即清朝皇帝的夏宫，位于河北省承德市。避暑山庄从康熙四十二年（1703 年）开始建造,至康熙四十七年已初具规模,后又历经、雍正、乾隆两朝,费时87年,才算基本完工,并在宫外修建了“外八庙”。清朝前期许多重要的政治、军事、民族和外交等国家大事,都在这里处理。因此,避暑山庄就成了北京以外第二个政治中心。而其周围寺庙又是接见外国使节和边疆少数民族政教首领、处理民族关系的地方,对安抚和团结中国边疆少数民族,巩固国家统一起到了重要作用。避暑山庄与周围寺庙构成了紧密关联的有机整体,风格迥异,山庄内朴素淡雅,周围寺庙金碧辉煌。正是由于存在众多历史和文化遗产,使避暑山庄及其周围庙宇成为国家级重点文物保护单位、中国十大风景名胜、首批24座历史文化名城之一和风景名胜保护区。并在1994年列入联合国教科文组织的《世界遗产名录》。

4. 澳门:拥有世界文化遗产——澳门历史城区

澳门历史城区是中国境内现存最古老、规模最大、保存最完整和最集中的东西方风格共存建筑群。它见证了澳门400多年来中西文化互相交流、多元共存的历史。也正是因为中西文化共融的缘故,城区的大部分建筑都具有中西合璧的特色。城区内的建筑大部分到现在依然保持着原有的功能。从旧城墙遗址上可以看到哪吒庙与大三巴牌坊澳门历史城区,是由22座位于澳门半岛的建筑物和相邻的8块前地所组成的一个旧城区。2005年7月15日的第二十九届世界遗产委员会会议上,澳门历史城区因满足世界文化遗产下列评定标准而获得21个成员国全体一致通过,正式被列入《世界遗产名录》:

(ii) 能在一定时期内或世界某一文化区域内,对建筑艺术、纪念物艺术、城镇规划或景观设计方面的发展产生过重大影响;

(iii) 能为一种已消逝的文明或文化传统提供一种独特的至少是特殊的见证;

(iv) 人类历史发展中某——建筑风格的杰出范例;

(vi) 与具特殊普遍意义的事件或现行传统或思想或信仰或文学

艺术作品有直接或实质的联系。

5. 平遥：拥有世界文化遗产——平遥古城

平遥古城位于山西省的中部，始建于西周宣王时期（前827年—前782年），明洪武三年（公元1370年）扩建，距今已有2700多年的历史。迄今为止，它还较为完好地保留着明、清时期（1368—1911年）县城的基本风貌，堪称中国汉民族地区现存最为完整的古城。1986年平遥古城被国务院公布为第二批国家历史文化名城。1997年12月3日，联合国教科文组织世界遗产委员会把平遥古城列入《世界遗产名录》。

世界遗产委员会评价：

> 平遥古城是中国境内保存最为完整的一座古代县城，是中国汉民族城市在明清时期的杰出范例，在中国历史的发展中，为人们展示了一幅非同寻常的文化、社会、经济及宗教发展的完整画卷。

第四节　山水城市的理念

1990年代，正值世纪之交，人们都在回眸即将逝去的世纪走过的历程，展望和迎接新的世纪，总结经验和教训，探索今后城市化发展的道路和城市发展的模式。在这场关于21世纪社会主义中国城市发展模式的讨论中，钱学森院士提出的“山水城市”是城市发展新理念的最强音之一。

关于“山水城市”的构想，最早是在1990年7月31日钱学森教授给清华大学吴良镛教授的信中提出来的。他说：“我近年来一直在想一个问题：能不能把中国的山水诗词、中国古典园林建筑和中国的山水画融合在一起，创造‘山水城市’的概念。”

钱学森教授所说的山水城市实际上不单是生态城市和历史文化

的融合。“生态城市实是我说的山水城市的基础——物质基础。”为此,“要发扬中国园林建筑,特别是皇帝的大规模园林,如颐和园、承德避暑山庄等,把整个城市建成为一座超大型园林。我称之为‘山水城市’”。总之“要站得高看得远,总览历史文化”。不能放弃中国古代的建筑文化和中国文化的精髓——意境美,因为“山水城市则是更高层次的概念,山水城市必须有意境美!……意境是精神文明的境界。这是中国文化的精华!”

此外钱学森教授作为杰出的科学家反复地说明,山水城市也就是高技术城市。他说:“山水城市还要充分引用现代科学技术成果,也是高技术城市。”他认为“山水城市也是新世纪的大事,所以它必然也是高新技术建筑的城市”。这样的山水城市才是以人为本和面向未来的正确选择。钱学森教授表示:“这是把古代帝王所享受的建筑、园林,让现代中国的居民百姓也享受到。18 世纪封建统治阶级能够建造并享受的生活环境,21 世纪的社会主义中国理应能够实现,广大市民应能生活、工作、学习和娱乐其中。”

钱学森教授提出的“山水城市”概念,立即引起了广大城市规划界、建筑界的重视,许多知名学者专家纷纷研究探索它的概念、范畴、内涵和核心实质。有的积极主动和钱先生共同探讨,有的独立思考自成一说。说“山水城市”是风水城市者有之,是生态城市者有之,是旅游城市者有之,是园林城市者有之,是可持续性发展城市者有之,是高科技城市者有之——总之,莫衷一是。最具典型代表意义的观点及论述有:

清华大学著名教授吴良镛院士认为:“山水城市”——这“山水”广而言之,泛指自然环境(natural environment),这“城市”广而言之,泛指人工环境(human environment)。“山水城市”是提倡人工环境与自然环境相协调发展,其最终目的在于建立“人工环境”(以“城市”为代表)与“自然环境”(以“山水”为代表)相融合的人类聚居环境。

中国科学院生态环境研究中心研究员王如松认为:钱先生提出

的“山水城市”就是一种具有中国特色的生态城。因为“山水城市”中的山和水本身就是自然生态的基本因素。但是“山水城市”有中国的特色,中国人把城市中的一些自然因素按照人们的愿望、需求来安排,既有自然特征,也有人为因素。“山水城市”所蕴藏的生态观念已不是单纯的自然生态,而是更重要的人文生态。

杨柳、黄光宇先生撰文认为:山水城市的概念具有深刻的生态意义和文化意义。在中国传统思想中,山水不仅具有自然属性,更具有文化上的意义,它受到万物有灵的山水自然学科世界观的深刻影响。最早将山水与城市联系起来的是风水理论,它视城市为天地之枢纽,当处于“山水相交,阴阳凝融,情之所钟处”,才能贯通天地,获得发展。风水理论指导了千百个中国传统的山水城市的建设和创造,是山水城市思想的原型。

原郑州市建筑设计院总工程师杨国权 1996 年 6 月 23 日致信钱先生,说:“我理解‘山水城市’的真之谛在于:利用自然,精心创造;保护生态,融入环境;文脉意境,继承发扬;审美游憩,人民共享;互补共荣,持续发展。”

总之,“山水城市”是具有深刻人民性的概念,反映了人们对城市环境的一种理解:以人的健康生活为出发点,以自然环境的有效保护、城市特色的有机创造为原则,以人类的可持续发展为目标的现代化城市。它是一定哲学基础上的环境观,它表明了人们对理想城市环境的追求。它有以下四大特征:

1. “两面”——“山水”自然的一面,“城市”社会的一面。山水是自然的最高代表,是人类赖以生存的襁褓,是人类文明创造的温室,永远是人类与自然不可分离的自下而上的伴侣。无论是天然的山水还是人工的山水都同样具有自然的一面。而城市则作为现代人居住、工作、游憩与交通的空间场所,具有明显的社会性。吴良镛先生认为,“山水城市”是提倡人工环境与自然环境协调发展,其最终目的在于建立“人工环境”(以城市为代表)与“自然环境”(以山水为代表)相融合的人类聚居环境。这便是将山水城市的一体两面。

2. “三性”——科学性、民主性、时代性。山水城市观念主张用现代科学技术把整个城市建成一座大型园林,让现代中国的居民百姓能享受到“回归自然”、“天人合一”的美好境界。科学在不断发展,民主在不断进步,山水城市建设必须与时俱进。

3. “四高”——高文化、高技术、高情感、高级生态城市(包括自然生态、社会生态、人的行为心理状态)。众所周知,水是生命之源,山是长寿之本。“仁者乐山、智者乐水”,“寄情于山水之间”,追求“天人合

图2.4　成都传承了千年文脉,适应城乡一体化的发展,提出建设现代田园城市的战略目标。

一”等都是我们中华民族的优秀传统，也是当今世界各国人民普遍追求的保持生态平衡、保护环境、节约资源和利用能源等可持续发展的时代要求。“山水城市”不只是利用自然地形，依山傍水，而且还要有人造的山和水。

4. “五征”——共生、共存、共荣、共乐、共雅的五大基本特征。它们是在千百年来的历史文化传承积淀中逐渐形成的。这“五征”也就是生态关联的自然性，环境容量的合理性，构成要素的协同性，景观审美的和谐性，文脉经营的承续性。前三项重在城市的自然属性，后两项重在城市的社会属性。它们已深深铭刻在传统城市的肌体上，至今仍在新的条件下发挥着重要的作用。

第五节　健康城市的理念

健康城市是世界卫生组织（WHO）面对21世纪城市化问题给人类健康带来挑战而倡导的新的行动战略。它起源于世界卫生组织欧洲地区专署的“健康城市项目”，该项目立足于两点，即城市的概念和一个健康的城市理想境界应该是什么样的。城市化是当今全球人类社会发展的总趋势，是社会生产力发展的客观要求和必然结果，城市的发展给人类的生活、工作带来很大方便，促进了世界经济的快速发展。据世界银行的报告，全球已有50%的人口居住在城市化的人造空间里。然而，高速发展的城市建设，尤其是工业化的城市面临着社会、卫生、生态等诸多问题，如人口密度高、交通拥挤、住房紧张、不符合卫生要求的饮水和食品供应、污染日见严重的生态环境、暴力伤害等社会问题，正逐渐成为威胁人类健康的重要因素。

当今世界对城市的存在和发展提出了新要求，即城市不仅仅是片面追求经济增长效率的经济实体，城市应该是能够改善人类健康的理想环境，城市应被看作一个有生命、能呼吸、能生长和不断变化的有机体。健康城市的概念是城市应该是由健康的人群、健康的环境和健康的社会有机结合发展的整体,应该能改善其环境,扩大其资源,使城市居民能互相支持,以发挥最大潜能。

世界卫生组织于 1986 年首次提出健康城市行动战略时,加拿大多伦多市首先响应,制定了健康城市的规划,制定了相应的卫生管理法规,采取了反污染措施,组织全体市民参与城市卫生建设等,取得了可喜成效。随后,活跃的健康城市规划活动便从加拿大传入美国、欧洲,而后在日本、新加坡、新西兰和澳大利亚等国家掀起了热潮,逐渐形成全球各大城市的国际性活动。到 1993 年,已经成为有 1200 个城市参加,其中包括 100 个发展中国家城市的国际性运动。

公开资料显示:2011 年,中国城市化率已超过 47%。城市人口亦迅速发展,故对创建健康城市也高度重视。于 1994 年开始,由国家卫生部医政司和国际合作司牵头与联合国世界卫生组织合作开展此项工作,目前,由世界卫生组织及国家卫生部正式批准加入该项目试点工作的城市和地区有北京市东城区、上海市嘉定区、海南省海口市、辽宁省大连市及河北省保定市等多个城市。

根据健康城市项目进展情况,WHO 从 1992 年开始划分了三个阶段:

第一阶段为启动阶段,包括建立支持系统、统一思想、了解城市现况、确定组织机构、寻找资助、准备项目计划、争取批准同意。

第二阶段为组织阶段,包括指定项目工作委员会、分析环境状况、规定课题工作内容、设立办公地点、计划工作策略、培养能力、确定职责。

第三阶段为实施阶段,包括提高对健康的认识、宣传项目工作计划、组织跨部门的行动、鼓励社区参与、促进革新、保证健康的公共政策。

目前,世界卫生组织在全世界各个地区都成立了健康城市项目办公室,认为健康城市的实施涉及七大领域:

1. 政治领域(领导参与、政策制定):要求城市领导人管理者从战略高度重视健康城市建设，根据社会经济、文化教育的需要和可能，全面确立城市的功能定位，提出与世界卫生组织目标相吻合的、符合实际的健康城市可行性规划，并在组织、经费及政策方针等方面给予大力支持。

2. 经济领域（就业、收入、住房）：坚持以经济建设为中心，实施可持续发展战略和科教兴市战略，促进国民经济持续、快速、健康发展，提高人民群众生活质量和健康水平，努力创造就业机会，增加市民收入，改善居民住房条件等。

3. 社会领域（文化、教育、福利、保障）：通过健康城市运动，动员广大群众积极参与和管理影响他们生活、卫生和健康的决策，提高公众对健康的行为、生活方式和习惯的认识，促进文化、教育、福利、保障等各项社会事业的全面发展，为广大市民提供一个祥和、安定、文明向上的社会环境。

4. 生态环境（生态平衡、污染控制和资源保护）：不断改善自然、社会环境，为市民提供一个干净、卫生、安全和高质量的自然环境，建立一个长期稳定的生态系统，使广大市民得以享受清洁的饮水、清新的空气和无污染的食物，享受蓝天、碧水、葱翠的绿树和草坪。

5. 生物、化学和物理因素（医疗卫生技术及其服务和营养供给及其安全卫生等）：坚持“预防为主”的方针，重点加强卫生防病和妇幼保健工作，依法加强食品卫生、公共场所卫生和传染病防治，切实控制传染病、职业病、地方病、食物中毒和社会行为性疾病的传染和流行，让广大市民喝上放心水、吃上放心肉、放心菜。

6. 社区生活（健康的社区邻里关系、文明的风尚等）：深入、广泛开展以健康教育、环境教育为主的健康城市市民教育活动，培养文明、健康、向上的行为方式，丰富业余文化娱乐生活，使市民自觉讲文明、讲道德，安居乐业，互相友爱。

7. 个人行为（心理卫生、行为矫正和健康生活方式的鼓励等）：重视心理卫生、心理保健，积极开展健康教育、健康促进活动，通过广泛的宣传教育，消除居民中存在的有害健康的行为习惯和不良生活方式，全面地、综合地提高市民健康水平，保证他们都能享受更长的健康生活、时间和平均期望寿命。

在开展健康城市项目的实践过程中，欧洲各城市积累了一些有效经验，包括：政府对健康的承诺、对公共卫生的政府决策、多部门间的合作、社区参与、探索创新、健康的公共政策等六点。

世界卫生组织提出健康城市概念意味着这项行动的过程和结果同样重要。世界卫生组织将1996年4月2日世界卫生日的主题定为“城市与健康”，并根据世界各国开展健康城市活动的经验和成果，同时公布了“健康城市十条标准”，作为建设健康城市的努力方向和衡量指标。

（1）为市民提供清洁安全的环境。

（2）为市民提供可靠和持久的食品、饮水、能源供应，具有有效的清除垃圾系统。

（3）通过富有活力和创造性的各种经济手段，保证市民在营养、饮水、住房、收入、安全和工作方面的基本要求。

（4）拥有一个强有力的相互帮助的市民群体，其中各种不同的组织能够为改善城市健康而协调工作。

（5）能使其市民一道参与制定涉及他们日常生活，特别是健康和福利的各种政策。

（6）提供各种娱乐和休闲活动场所，以方便市民之间的沟通和联系。

（7）保护文化遗产并尊重所有居民（不分其种族或宗教信仰）的各种文化和生活特征。

（8）把保护健康视为公众决策的组成部分，赋予市民选择有利于健康行为的权力。

（9）作出不懈努力争取改善健康服务质量，并能使更多市民享受健康服务。

（10）能使人们更健康长久地生活或少患疾病。

开展健康城市项目也不能随意地理解为“在城市内开展的任何健康活动”。除了上述十项标准外，世界卫生组织欧洲区办事处确定参加健康城市项目必须满足以下四个条件：

1. 对健康城市项目的原则和策略，城市最高层领导作出明确的政治承诺；

2. 建立新的组织机构来管理拟开展的行动；

3. 承诺提出一个普遍认同的城市远景规划及相应的健康规划和工作内容；

4. 在正式和非正式网络建设和开展合作方面进行投资。

同时世界卫生组织提出了健康城市指标系列，便于开展健康城市项目的地区可根据本地各时期情况作相应调整和选用。这一个健康城市指标系列共338项指标将“直接地或间接地衡量质量、数量及时间特性的变量，反映健康及与健康有关的状况，并且评价其进展，还为修改规划提供根据”，共分为十三大类：人群健康、城市基础设施、环境质量、家居和生活环境、社区作用及行动、生活方式及预防行为、保健、福利以及环境卫生服务、教育及授权、就业及产业、收入及家庭生活支出、地方经济、人口学统计。

第六节　数字城市的理念

众所周知，“数字城市”不是一个纯技术的概念，它同时也意味着城市管理和规划体制的一次大变革。“数字城市”是综合运用地理信息系统、遥感、遥测、网络、多媒体及虚拟仿真等技术，对城市的基础设施功能机制进行自动采集、动态监测管理和辅助决策服务的系统。也就是说在城市规划建设与运营管理及城市生产与生活中，利用数字化信息处理和网络通信技术，将城市的各种数字信息资源加以整合并充分利用，使城市规划者和管理者在有准确坐标、时间和对象属性的五维虚拟城市环境中进行规划、决策和管理。

“数字城市”为认识物质城市打开了新的视野，并提供了全新的城市规划、建设和管理的调控手段。例如，城市规划师在有准确坐标、时间和对象属性的五维虚拟城市环境中进行规划、决策和管理，就像走在现实的城市街道上或乘坐直升机观察规划、设计城市空间布置、组合配置城市资源、改善交通系统活动一样。数字城市无疑将为调控城市、预测城市、监管城市提供革命性的手段，对传统方法是一个巨大的挑战。同时，这种手段是一种可持续、适应城市变化的手段，从而为城市可持续发展的改善和调控提供了有力的工具。

从信息社会发展的角度来看，“数字城市”是一种新的社会系统。通过它，人们能够实现自由创造、共享信息和知识。相对于目前的大规模生产和消费系统而言，“数字城市”实际上是一种数字革命。它包括城市资源、社会资源、基础设施、人文、经济等城市的各个方面，以数字的形式进行获取、存储、管理和再现，并为提高城市管理效率、节约资源、保护环境和城市可持续发展提供决策支持。2010 年上海世博会的最大亮点之一，就是展示了以“智慧城市”、“智慧地球”为代表的高科技信息技术的威力。正如 IBM 的专家所断言：“智慧地球”作为一种科技潮流，其核心是三个“化”：物联化、互联化、智能化①。大量的分析说明：信息化将向着“可感知”、“更集约”、“多节能”、“超智能”的方向发展。21 世纪的人类将打造一个智能化的社会，它的要点是：把人的感知转化为一种需求的“数据”→有能力将这些“数据”信息提炼出来→以智能的手段满足这些需求→利用这些知识帮助人类做出智慧的决策。国家广电总局和科技部推出的新一代广播电视网（NGB）在世博园区内得到全面部署。新一代广播电视网以其超大的容量、带宽以及互动空间，超强的数据服务能力，可以同时满足上千个高清频道的传输。芬兰馆内互动的电子艺术墙、以色列馆内 150 个三

① 《IBM 中国研究院副院长陈滢访谈》，《佛山日报》2010 年 5 月 23 日。

维播放器、民营企业联合馆中16个4.5米高的巨人名片，瑞士馆四周的“智能帷幕”，每一部分都能独立产生和储存能量，并以LED灯的形式将其利用；石油馆的4D动感影院等新媒体都在2010年世博会上得到了极大关注。中国的城市建设要继承这一笔巨大的城市财富，把数字化、信息化的建设推向新的阶段。

数字城市建设主要包括以下内容：

1. 发展电子政务

从世界范围来看，推进政府部门办公自动化、网络化、电子化、全面信息共享已是大势所趋。在世界各国积极倡导的“信息高速公路”的五个应用领域中，“政府上网”被列为第一位，可以说政府信息化是社会信息化的基础。“政府上网”主要体现在以下几个方面：① 电子政务：在以电子签章（CA）及公开密钥等技术构建的信息安全环境下，推动政府机关之间、政府与企业之间以电子资料交换技术EDI进行通信及交易处理。② 电子采购及招标：在电子商务的安全环境下，推动政府部门以电子化方式与供应商连线进行采购、交易及支付处理作业。③ 电子福利支付：运用电子资料交换、磁卡、智能卡等技术，处理政府各种社会福利事业，直接将政府的各种社会福利支付交付受益人。④ 电子邮递：建立政府整体性的电子邮递系统，并提供电子目录服务，以增进政府之间及政府与社会各部门之间的沟通效率。⑤ 电子资料库：建立各种资料库，并提供方便快捷的网络检索查询方式。⑥ 电子化公文：公文制作及管理电脑化作业，并通过网络进行公文交换，随时随地取得政府资料。⑦ 电子税务：在网络或其他渠道上提供电子化表格，使人们足不出户从网络上报税。⑧ 电子身份认证：以一张智能卡集合个人的医疗资料、个人身份证、工作状况、个人信用、个人经历、收入及缴税情况、公积金、养老保险、房产资料、指纹等身份识别信息，通过网络实现政府部门的各项便民服务程序。

2. 发展电子商务

发展电子商务，地方政府有许多事情要做。主要是与企业界及国际社会合作，建立整套有利于电子商务发展的政府环境、法律法规环境和一个能让使用者具有安全感的网络交易环境，以增强企业及消费者对电子商务的安全性等有关方面的信心。目前，国内电子商务刚刚起步，一些企业如联想、浪潮等，首先建立自身的网上分销体系，而公共的交易平台还难以出现。技术是问题的一个方面，更重要的是国家对于电子商务的支持问题。例如，能否降低网上交易的税收安全问题同样不容忽视，主要包括身份认证、传输加密、合同签署和在线支付。目前，银行在支付问题上已经做了大量工作。身份认证、传输加密以及合同签署需要利用证书进行签名与加密。而电子签名的有效性问题尚需法律上的支持。

3. 建设信息港

指运用遥感、遥测、网络、多媒体及仿真/虚拟技术等对城镇的全部基础设施、功能机制进行动态监测与管理、辅助决策服务的技术系统。它具有城市地理信息系统的全部功能，而且是以它为基础的，但功能更强，更丰富，直接与社会生产和生活密切相关的（网络生存）技术系统。主要包括：信息化城市基础设施、空间信息工程系统和城市辅助决策支持系统。

4. 发展智能建筑

当今世界科学技术发展的主要标志是4C技术（即计算机技术、控制技术、通信技术、图形显示技术）。将4C技术综合应用于建筑物之中，在建筑物内建立一个计算机综合网络，使建筑物和社区的智能化。比如：2010年上海世博会日本馆中“未来”展示区里的“生活墙”宽10米，由三面全球最大的152英寸等离子屏组成，将客厅的墙壁和电视机合二为一，人们只需通过动作就能进行直观操作，实现观看和阅读等，图像内容能随着人的移动而改变显示位置。

图 2.5　2010 年上海世博园是数字化城市建设成果的一次全球性大检阅。

5. 发展智能交通

智能交通系统(ITS)就是充分利用现代化的通讯、定位、遥感,以及地理信息系统、电子地图和其他相关技术来减少交通拥挤、提高交通流量、改善安全状况、充分利用路网资源并减少对环境的影响,从而改善地面交通运输条件的一项具有战略意义的工程。在公路运输及城市交通领域,智能交通系统将汽车、司机、道路及其相关的服务部门相互联系起来,使汽车在道路上的运行功能实现智能化。即出行者可实时选择交通方式和交通路线；交管部门可自动进行合理的交通疏导、控制和事故处理；运输部门可随时掌握车辆的运行情况，进行合理调度。从而使路网上的交通处于最佳状况，进而改善交通拥挤和阻塞，最大限度地提高路网的通行能力，提高整个公路运输系统的机动性、安全性和生产效率；最大限度地节省能源。智能交通系统是技术、系统与交通管理的集合，它提供了出行者、车辆与宏观基础设施的智能连接。

第七节　生态城市的理念

“生态城市”是在城市生态学的基础上发展起来的一种人居环境模式，由苏联城市生态学家 1981 年首次提出，虽然是在 20 世纪 80 年代兴起的学说，生态城市的历史渊源却很久远。早在 3000 年前，中国人就已形成了一套人类生态理念体系，“观乎天文以察时变，观乎人文以化天下”。而在古代欧洲城镇和美国西南部的印第安人村落也能看到生态城市的雏形。

18 世纪末到 19 世纪，工业革命给城市带来的人口拥挤、交通阻塞、环境污染等弊端日益暴露出来。人们要求与大自然融合、恢复良好生态环境的愿望日益强烈，如傅立叶的“法郎基”、欧文的“新协和村”、霍华德的“明日的田园城”等无不体现了这一美好愿望。限于当时的条件，这些愿望没有得到很好实施。后来人们又提出许多理论，如意大利嘎涅的“工业城”、法国柯布西埃的“光明城”、英国恩维的“卧城”（或卫星城）、赖特的“广亩城”等，其基本思想都体现了生态规划的原则，实现城市的生态良性循环。而真正进行有意识、有组织地系统性的研究始于 20 世纪 20—30 年代芝加哥学派的城市社会学的研究，复兴于 60—70 年代的环境和资源危机引起的系统生态学的研究，繁荣于 80—90 年代全球变化和可持续发展的研究。在 1981 年苏联科学家由此提生出“生态城市”的概念，认为“生态城市”的理想居住模式。生态城市建设则开始真正走向其实施阶段。

在经历了半个多世纪的徘徊和停滞之后，我国生态城市建设的理论与实践，紧跟国际发展的趋势，20 世纪 80 年代初以来得到了迅猛复兴和发展，至 1990 年已经形成了一套以社会、经济、自然复合生态系统为指导的建设理论与方法体系。我国的不少城市已提出要建设生态城市的设想，并积极采取步骤加以实施。如长沙提出要建设生态经济市，江西提出要建设生态经济区，云南提出要建设绿色经济省，上海、大连、株洲等要建设生态城市。生态城市建设的发展已成为当今中国城市发展的主流，并一步步向我们走来。

简单地说，生态城市的含义就是指生态上健康的城市。它是技术和自然地充分融合，创造力和生产力得到最大限度的发挥，居民的身心健康和环境质量得到最大限度的保护。这里的“生态”包含了两层含义：一是人与自然环境的相互协调，二是人与社会环境的相互协调。换句话说，就是指按生态学原理建立起社会、经济、自然协调发展，物质、能量、信息高效利用，生态良性循环的人类聚居地，即高效、和谐的人类栖地。

但“生态城市”中的“生态”的概念并不等同于自然界中“生态”的概念。城市的生态系统不仅要遵守自然界的“道理”，还要遵从人类经济活动和城市运行活动的“事理”和人类社会行为和心理行为的“情理”。正是“道理”(即自然规律，如天文地理等)、“事理”(即对人类活动的合理规划管理，如政事农事等)、“情理”(即社会行为的准则，如伦理法则等)，三者之间是相互制约相互作用，控制着城市的物流、能流、信息流自我调节的生态平衡系统。

也就是说，生态城市理应包含以下几个方面的内涵：

1. 生态城市不是一个封闭系统。

2. 生态城市是涉及城市自然生态系统、城市人工环境系统、经济系统和社会系统的复合系统。

3. 生态城市既要能保证经济的持续增长，更要能保证增长的质量。

4. 生态城市要满足居民的基本需求。

5. 生态城市应是社会、经济和环境的统一体。

6. 生态城市首先应该是一座绿色的园林城市，城市绿地覆盖率较高（50%以上）。

7. 生态城市又是一座环境质量良好的城市。空气清新，有害气体的含量保持在最低水平（污染指数在50以下，即一类空气标准），不对居民的健康带来危害。

8. 生态城市是一个宁静的城市，生产、生活和车辆发出的噪音被严格控制在允许范围内。

9. 生态城市的建筑风格应该和周围的自然环境相协调，并讲究高尚的文化品位。

由此可以看出生态城市的四大特点：

1. 高效和谐性。生态城市的构建是人类最大限度地利用环境资源，寻求人与自然良性循环发展的新规律，体现了人与自然、建筑环境与自然环境、经济社会发展与自然环境保护之间的和谐共生、高效有序。

2. 保持整体性。生态城市是由自然、社会、经济诸多环节整合成复合生态系统，拥有整体效益运作和发展模式，重视环境质量，注意区域之间的协调发展，体现了以人与自然和谐为本的城市环境设计原则。

3. 实现可持续性。可持续发展是生态城市建设的长期目标，建立生态竞争机制，通过再生和自生原理调节系统的影响因素，充分合理地运用和配置资源，以适应系统的发展目标。

4. 区域联系性。生态城市作为城乡统一体，其本身即为一区域概念，是建立在区域平衡基础之上的，而且城市之间相互联系、相互制约的，只有平衡协调的区域才有平衡协调的生态城市。

这些年各地生态城市建设基本处于各行其道的探索、创新阶段。

所谓生态城市应该是指在城市总体发展的战略和目标研究、重点资源时空分布研究、资源承载力和环境容量研究、生态系统敏感性分析和生态系统服务功能价值评估研究的基础上，进行城市市域生态分区和具有可操作性的生态调控单元划分。含人口控制、城市开发强度控制、污染总量控制、环境功能区调查、生态补偿策略和生态重构方案等，因此它包括能源、资源、环境、人文等多方面的要求。

建设生态城市必须坚持以下基本原则：

1. 严格遵循自然规律

自然规律是一个庞大精密的规律体系，人们很难对它有透彻的认识。因此，在建设生态城市的过程中，首先要勘察和摸清所在地域的自然环境情况，特别是其中的生态变化规律，然后再根据实际情况进行规划和设计。

2. 坚持"以人与自然和谐为本"

"以人与自然和谐为本"这一原则科学地界定了人在生态城市系统及整个人与自然关系系统中应该占有的位置。处理人及其所在的社会系统与自然系统相互关系的行为准则，即和谐与协调。这一准则并不排斥人应当具有正当的社会目标和为实现社会目标所具有的主观能动性，而是强调人的社会目标和为实现社会目标所发挥的社会生产力决不能违反自然规律，不能超越自然承载力。

3. 把环境作为生产力的基本要素

大量的历史事实证明，环境是构成生产力的第六大要素：玛雅文明、哈巴拉文明如此，中国古代文明也如此。先秦时期，黄河中上游地区气候温和，植被茂密，黄土高原森林覆盖率超过50%，生态环境十分适宜。后来几百年战乱不停，垦荒和建设毁坏了森林植被，终于导致了这一地带生态失衡，从此再也没有得到恢复。环境和生产力是不可分割的一体化的事物，把两者割裂开来甚至对立起来的后果是不堪设想的。因此，我们在建设生态城市、发展生产力时，千万不要忘记环境这个大要素，必须善待环境、保护环境和改善环境，因为“保护环境就是保护生产力，改善环境就是发展生产力”。

4. 把生态环境修复作为突破口

如果说城市未来的生态变化规律不易掌握，因而对生态城市建设进行规划有难度的话，那么进行逆向思维，对城市经历过的生态变化轨迹进行考察和描述，找到城市发展过程中逐步偏离生态要求的拐点及其以后逐步发生更大偏离的原因和教训，特别是要找到当前的城市与自然生态相融共生状态下的城市的差距。这种差距可以近似地反映出该城市在发展过程中对自然生态带来的破坏。所以，在今天建设生态城市的突破口应该首先放在对城市原有生态的恢复和修复上，这不仅是科学的态度，更是一种行之有效的思维方式和方法。

5. 要把发展循环经济作为基本途径

由于循环经济系统中各种产业系统和企业系统之间的联结和交换关系遵循了生态学规律，所以某一子系统中排放的废弃物又变为另一子系统的资源，从而使原来的废弃物和污染排放趋近于零，这就从根本上解决了经济发展与环境资源之间的尖锐矛盾，进而极大地缓解由于环境污染和资源短缺、破坏而造成的生态脆弱和生态失衡，使城市最终走向生态良性循环的轨道。

要建设生态城市，在坚持原则的基础上，还必须注意方法：

1. 应让人们从思想上认识到创建生态城市的重要性。任何一个人都应该为建立生态城市尽责、尽力，这是一种自觉参与。在 2010 年上海世博会英国馆日的活动中，一位英国专家在说到该馆“蒲公英”造型来自许多普通市民的园艺爱好时说：“千万不要怀疑一小群深思熟虑、富有责任的市民可以改变整个世界，事实上，这样的事一直在发生。"现代公民社会是现代民主制度的基础,公民的自觉参与将会逐渐改善社会的文明程度。

2. 生态城市的建设是一项伟大的系统工程,涉及城市建设的方方面面,如工业、能源、交通、建筑、绿化、通讯、文教、环保、医疗、宣传等。要将这些方面都纳入生态城市建设的轨道上来,需要强大的执行力量去贯彻所制定的有关政策措施。

3. 要对城市进行合理规划,实现宏观调控。组建科研队伍,为生态城市建设提供智力支持。在具体操作层面上,应以城市人类与城市环境的关系为研究对象,进行城市生态调查,了解城市的生态特征、生态过程、生态问题和生态趋势,认识城市环境的生态潜力和制约因素,以及城市中人类之间的相互影响和相互作用,对城市"生态和谐度"作出正确合理的评价。

建立反映生态城市结构、功能、协调度的根本要素及城市可持续发展的标尺的生态城市的指标体系。可以参照自 1992 年来,许多国际机构、非政府组织和一些国家提出的不同的指标体系。如联合国可持续发展委员会的"驱动力—状态—响应"指标体系、联合国统计局的可持续发展指标体系框架、国际科学联合会环境问题科学委员会的可持续发展指标体系等。同时,在国际、国家、地区和部门等不同层次上的可持续发展指标体系也不断涌现,在地区一级,较具代表性的有加拿大的阿尔伯塔省、美国俄勒冈州等。在城市和社区一级,美国、英国、丹麦、挪威等国都分别提出了典型的"可持续发展城市"或"绿色城市"的指标,如美国的西雅图建立了社区可持续发展指标体系。此外,国外近年来也提出了一些新思路,如采用综合的集成指数方法,开发一些"可替代指数",以反映可持续发展的不同侧面,弥补迄今广泛使用的经济指数所遗漏的范围。

这些"可替代指数"是高度集成的,结合了能够描述机构、地区或经济部门业绩的最重要的指标,通常能够把某个复杂系统简化为一个数值,这对决策者显然是很有用的。现已开发出如下一些可替代指

图 2.6　美国巴尔的摩港：一座由旧工厂改造成的书店及博物馆，犹如驶向知识经济时代的巨轮。

数：人类发展指数（Human Development Index，HDI）、可持续发展指数（Sustainable Process Index，SPI）、生态足迹（Ecological Footprint，EF）；社会发展指数（Social Progress Index）、可持续发展经济福利指数（Index for Sustainable Economic Welfare，ISEW）、单位服务的物质投入（Material Input Per Service Unit）等。

中国的一些政府部门和研究机构也开展了相当多的研究和实践，并在不断深入，如一些部门提出的全国或省市可持续发展指标体系，在不同层次和不同地区取得了一些成果。但是，迄今尚未被普遍接受的中国可持续发展指标体系。在以城市为背景的指标体系研究中,上海市曾对若干国际大都市的经济、社会、环境指标做过比较系统的调查。广州市计委于 2001 年提出了生态城市指标体系,包括生态城市规划指标体系和生态城市评价指标体系。国家环保局在城市环境指标方面及其考核曾做过较长时间的探索,分别于 1989 年和 1997 年制定并实施《城市环境综合整治定量考核指标》和《环境保护模范城市考核指标》。国家环保总局于 2002 年 7 月发布了《国家环境优美城镇考核指标》,并于 2003 年 5 月发布了《生态县、生态市、生态省建设指标(试行)》。此外,宜春市、南宁市、北京市、扬州市、日照市等也都做过一些有益的探索工作。

4. 以城市规划为依据,制定合理有效的制度、措施和方法,即建立法律条令保证生态城市的顺利进行。建立适应生态城市建设的法规综合体系,使生态城市的建设法律化、制度化,是保证其战略、政策和措施顺利实施的有效途径,这样生态城市建设得到法律保证,有法可依,对不符合生态城市建设的行为就可采取必要的行政、经济甚至法律手段,保证计划的顺利实施。

第八节 幸福城市的理念

对幸福的追求,是人类千百年来的理想。而对幸福城市提出统计评估指标,却是 21 世纪的一个重要潮流。测算城市的幸福指数,将有助于社会对于幸福的追求,也从一个侧面涉及到城市文化建设对人的影响。于是,多种测试城市幸福生活的指数产生了。

$$幸福指数 = 收入的递增 / 基尼系数 \times 失业率 \times 通货膨胀$$

公式中的基尼系数(Gini 系数)是广为人们所接受的一种测量收入不平等的指标。关于工业化与后工业化之间的代沟,人们曾经提出"数字鸿沟"的概念,华人经济学家黄有光提出"幸福鸿沟"(Happiness

Gap),认为一个国家收入水平很低的时候,收入和快乐之间的联系最为密切,但是超过人均收入 3 000 美元,这种联系就会逐渐淡化。

芝加哥大学商学院终身教授、中欧国际工商学院行为科学中心主任奚恺元教授指出,人们到底是不是幸福,取决于许多和绝对财富无关的因素。奚教授正在发展一种新的、严格的理论来研究如何最大化人们的幸福。和经济学(Economics)相对应,奚恺元教授把这种科学叫做“幸福学”(Hedonomics)。这个理论提出:我们的最终目标不是最大化财富,而是最大化人们的幸福。

那么除绝对财富外,还有哪些因素在影响我们的幸福呢?

奚教授指出,时间性的比较和社会的比较可以给人们带来幸福感。幸福的另外一个来源是脉冲式的变化所带来的。收入的增长体现了时间性比较,也自然体现了收入增加者增加收入前后的比较。收入增加后人们的新的谋求幸福的活动就会随之增加。人们收入的增加将主要由于增进福利的新的开支,这将导致脉冲式的幸福的增加。

基尼系数体现社会的比较。但它所体现的社会比较,带来两种效果:对于财富增加者的社会对比的幸福的增加,和对于财富没有增加者、增加幅度小者以及财富减少者幸福的减少。基尼系数增加,对于财富增加带来的社会幸福将远远大于财富较少带来的社会幸福减少。即使两个人,一个人的财富增加等于另一个人财富的较少,也会导致幸福总量的较少。因为财富增加,效用递减。对于财富减少,根据“前景理论”,人们对于损失比收益更敏感。因此我们从社会所有人的幸福的整体着想,将基尼系数的倒数作为社会幸福指数的组成。

奚教授在历经半年时间完成的《中国城市及生活幸福度调查报告(2005 年)》中,对中国十大城市幸福度和人们生活幸福度进行了研究分析,报告显示:生活在杭州的市民最感到幸福。

显然,居民生活幸福度并不与城市经济发达水平成正比。在中国十大城市总体幸福度的排行榜中,当时市民月收入最高的上海(月平均收入 2 847 元)、北京(月平均收入 2 484 元)和广州(月平均收入

2 556元)，在城市总幸福度排行榜上分别位列第三、第七和第十。而月平均收入2 300元的杭州，以及月平均收入1 515元的成都则排在最前，尽管后者的市民平均收入刚刚超过上海市民平均收入的一半。

除了测量十大城市的总体幸福度，奚教授还分别测量了市民对十大城市的人情、赚钱机会、便利程度、自然环境、文明程度、娱乐、生活节奏、交通的幸福度。在十大城市人情幸福度的排名中，人情味最浓的城市是成都、重庆和杭州，而经济最为发达的上海、北京和广州却正好名列人情幸福度排行榜的倒数第二、第三和第一。

奚教授认为，随着中国经济的发展，很多非物质因素对幸福的影响越来越大，例如人们的生活节奏、婚姻状况、社交生活以及生活环境等等。因此，社会发展和谐与否不能仅仅看GDP增长是否迅速，而更应该关注广义的社会总体主观幸福感受增长与否。另一些诸如生活节奏、便利程度、性生活等没有引起人们足够重视的"软性"因素与幸福有着更为密切的关系。

第九节　文化城市的理念

跨入21世纪，越来越多的有识之士关注着"文化城市"的理论和实践。相比较而言，"文化城市"本质上是一种不同于"政治城市"、"经济城市"、"健康城市"的新的城市发展模式，但是又与上述的概念有内在的联系。"文化城市"的核心是一种以文化资源为客观生产对象，以审美机能和创意开发为主体劳动条件，以文化创意、艺术设计、景观创造等为中介与过程，以适合人的审美生存与全面发展的社会空间为目标的城市理念与形态。

城市社会是人类社会的发展趋势，在经历了政治型城市、经济型城市两个阶段之后，文化城市正在成为中国城市实现可持续发展的重要选择，文化城市建设对于发展文化产业，增强城市社会的和谐，提高人民生活质量，促进城市社会的科学与可持续发展是一条历史必由之路。

现阶段,由于一方面,城市化进程对环境与资源的过度损耗已超出了环境的承受力;另一方面,以文化产业为代表的新型都市经济形式蕴藏的巨大商机与带来的实际利润,使越来越多的城市开始重视其文化资源的保护、开发与利用,"文化城市"取代了"国际化大都市",文化城市开始成为众多城市的战略发展目标,其深层原因主要可归结为三方面:一是以"旧型工业化"为主导的传统城市化模式,由于地理空间、自然资源的空前紧张正在陷入巨大的发展困境之中,逼迫发展中城市必须通过寻找新的资源、探索新的发展模式以实现自身的可持续发展;二是在知识经济时代中,除了依靠高新科技研发的新能源、新材料之外,一直被看作"只消费不生产"的精神文化摇身变为财富神话的创造者,并为城市经济社会发展提供了可观的"软资源"与文化生产力要素;三是由于"城市问题"、"文明病"在迅速的城市化进程中不断升级,使都市社会的生活环境与精神生态日趋恶化。尽管问题主要是经济社会发展失衡的后果,但在逻辑上却只能通过建设城市精神文明来解决,这是城市文化越来越受到重视,直至出现"文化城市"理念与发展战略的一个重要原因。

要建设中国文化城市,首先要做到以下三方面:

1. 做好对文化城市的基础理论研究。明确文化城市的定义,在对西方文化城市理论与应用的研究与总结的基础上,立足于中国现代城市发展的历史经验,论证文化城市作为中国城市科学发展模式的必然性与可行性。

2. 开展科学可行的应用研究。对文化城市的具体要素、基本框架、发展指标、不同模式等重要问题需要重点研究,避免文化城市停留在官场口号或媒体话语游戏层面,或是盲目实践对城市文化资源等造成了新的破坏,有助于文化城市的建设与城市各项文化事业的科学发展。

3. 切实意识到文化城市建设的必然性与重要性。以 2009 年为例,中国文化产业实现增加值 8 400 多亿元人民币,比上年增长 10%,高出同期 GDP 的增长速度①。快速发展的中国文化产业,有望成为我国国民经济的支柱产业。文化资源开始发挥出其巨大的产业价值,而且以现代工业文化遗产的记忆、开发与保护为主旨,有助于中国当代城市的健康、全面与可持续发展。

如何在文化城市理念指导下,为具体的建设提供一个可行的操作系统,是应用研究要解决的主要问题。这主要包括两方面的内容: 一是有必要研发一个科学合理、适合中国城市的文化城市指数系统,用来明确界定文化城市的内涵与层次,推动城市文化的管理创新,规范政府的管理行为以及评价职能部门的管理绩效;二是文化城市指数框架体系的运用。参照西方文化城市系数,在科学研究与实际调查的基础上,设置各指数的基准值及相应的权重系统等,建构一个计算公式或动态模型,使文化城市建设可获得量化结果。它既可以运用于一个城市的管理与评估,也可比较不同城市之间的发展水平。特别是对一些处在发展转折点上的城市,应用研究提供的综合性的框架体系,对于落实文化城市的科学发展、提高城市文化的国际综合竞争力、建设和谐城市社会,具有指导原则、战略体系与目标管理等多重意义。

城市文化有其特定的文化系统或体系,它由众多子系统组成,城市文化系统或体系所表现出的不同层次,就是城市文化的结构。由于城市文化是人类文化的一种特殊形态,是人类文化发展到一定阶段的产物,因此,讨论城市文化的结构,必须从对一般人类文化的结构的理解开始。在这方面,怀特的理论无疑最富有启发性。

怀特认为,如果把人类看成一个整体,那么同样可以把各种文化也设想为一个整体: 人类文化系统。在这个系统内,可以区分出技术的系统、社会学的系统以及意识形态的系统等亚系统。技术系统是由

---

① 根据 2010 年深圳国际文化产业博览会公布的信息,2009 年全国文化产业增加值达 8 400 亿元左右,比 2008 年现价增长 10%。(参看《我国文化产业亮“家底”》,载《深圳特区报》2010 年 5 月 15 日第一版)。

物质的、机械的、物理的和化学的仪器以及使用这些仪器的技术构成的，人类作为一种动物，依靠技术系统使自身同自然的生息之地紧密联系。社会学的系统由人际关系构成，这种人际关系是以个人与集体的行为方式来表现的。意识形态系统由思想、信仰、知识构成，它们是以清晰的言语或其他符号形式表现的。怀特认为，上述三个亚系统从总体上构成人类文化系统。当然，三者之间是相互贯通的，每一个亚系统影响着另外两个亚系统。不过，各个亚系统在人类文化系统中的作用是不一样的。技术系统发挥着基础性的作用。人类必须首先解决衣食和居住问题才能从事政治、宗教、艺术等活动。在某种意义上说，社会系统相对于技术系统而言是次要的和从属的。社会系统是技术系统的函数，技术系统是一个自变量，社会系统是一个应变量。社会系统是由技术系统决定的，前者随着后者的变化而变化。意识形态或哲学的系统是信念的体系，人类的经验通过这一体系得到解释。但是，经验和解释由此而受到技术的强有力的制约。每种类型的技术都有一种特定类型的哲学。畜牧技术、农业技术、冶金技术、工业技术或军事技术，无不可以在哲学中找到各自相应的表达。因此，在人类文化系统中，底层是技术的层次，上层是哲学的层次，社会学的层次居中。技术的系统是基本的，社会系统是技术的功能，而哲学则在表达技术力量的同时反映社会系统。

怀特等学者尚未提出对“文化城市”进行统计评估的理念和方法，但是他们对人类文化系统或文化结构的理解，有助于我们对城市文化系统的理解。作为人类文化的一种特殊形态，从广义上说，城市文化也是物质文明和精神文明两类成果的复合体，也是由众多子系统所组成并呈现出多层次的特点。按照怀特的思路并略加修正，便可以将城市文化的结构大致上区分为物质文化、制度文化、精神文化等三个层次。

1. 城市的物质文化

城市的物质文化是城市文化的表层。它由城市的可感知的、有形的各类基础设施构成，包括城市布局、城市建筑、城市道路、城市通讯设施、公共住宅、水源及给排水设施、垃圾处理设施以及市场上流通的各色商品，以及行道树、草地、花卉等人工自然环境所构成的城市物质文化的外壳。这些物质现象之所以也被纳入城市文化的范围，不仅是由于它们典型地体现了“人化自然”（广义文化概念）的特征，而且也因为它们都是一个城市文化风貌的最直观、最形象的呈现。可以说，城市的各类基础设施所展示的东西要远远地超过人们肉眼所见的表象。正是在这个意义上，凯文·林奇指出，城市文化的物质方面，是一个交流和沟通的媒介，展现着明确的与不明确的符号：旗帜、草地、十字架、标语、彩窗、橙色屋顶、螺旋梯、柱、门廊、锈了的栏杆，等等。

城市的任何一种具体的物质现象，都可以使人感受到不同的城市文化韵味。比如，城市的建筑不仅是凝固的音乐、立体的绘画、实用的雕塑，是技术与艺术的完美结合、实用性与观赏性的统一，而且也具有鲜明的民族的、地域的、时代的、丰富的文化内涵。北京的紫禁城与巴黎的凡尔赛宫，虽然都曾经是皇宫，但却具有东西方的不同气派和历史文化内涵。

不仅城市中的那些有形的物质实体，鲜明地呈示了城市的精神风貌，而且一个城市的布局、城市的空间结构也形象地反映了一个城市的文化特征。比如，广场是城市空间布局结构中最重要的要素之一。诺伯格·舒尔茨认为，广场是城市结构中最明确的因素，从古到今，广场向来都是城市的心脏，只有来到城市的主要广场才算真正抵达城市。城市广场不仅仅是人们生活和活动的空间场所，它还是特定时代、特定社会中的政治经济文化生产和再生产的场所之一，既是城市社会文化形态的建构，同时也在建构城市的社会文化形态，不仅可以展示一座城市的性格，而且也能在一定程度上折射出一个时代、一个社会的精神特征。

在中国传统社会，城市广场形态所反映的，则是与西方城市明显有别的传统文化精神。中国传统城市空间在构成形态上呈现出一种

“边界原型”，它强调边界的实体性和连续性，也就是空间的内外分割性和内向性。对边界实体性和连续性的强调在物质形态构成上表现为对“墙”的极大关注，“墙”构成了“院”、城市（城墙）乃至国家（长城）的形态。正是在这一意义上，哲学家福科指出，城墙是中国的一种象征，“我们想到中国，便是横亘在永恒天空下面一种沟渠堤坝的文明，我们看见它展开在整整一片大陆的表面，宽广而凝固，四周都是城墙”。这种对平面化展开的空间的封闭性的强调和西方城市空间的“地标原型”形成了鲜明的对照，也使得西方式的广场实际上无从产生。清代紫禁城太和殿前的场院虽然十分宽阔，却是普通人绝难进入的，所以不具备广场的开放的公共性。因此，中国古代城市的广场空间形态是与等级森严的封建伦理文化相对应的，体现了封建皇权对社会空间的严密监控。新中国成立以后，大多数城市广场都得到了改造，营造了人民群众当家作主的广场文化氛围。广场的休闲化意味着广场隐含政治现象的消失，以及以经济建设为中心的意识形态的凸显。

2. 城市的制度文化

城市的制度文化是城市文化的中层结构，是城市文化的制度化、规范化的表现形式。城市文化的变迁必然通过各种制度的变迁表现出来。城市的制度文化以物质文化为基础，但主要满足于城市居民的更深层次的需求，即由于人的交往需求而产生的合理地处理个人之间、个人与群体之间关系的需求。在城市的制度文化的诸多设施中，最主要的有家庭制度、经济制度和政治制度。

城市的家庭制度。在现代城市中，家庭的演变过程在很大程度上反映了从乡村文化到城市文化以及城市社会和文化自身的变迁轨迹。在传统的乡村社会文化环境中，家庭可以说具有相当“普化”的社会功能，据威廉·奥伯格的归纳，乡村社会家庭组织除了生育子女的功能外，还有以下功能：经济功能、给其成员以威望和地位、教育功能、为其成员提供了保护性功能、家庭履行宗教功能、娱乐功能、情感功能。但是,随着乡村社会向城市社会、乡村文化向城市文化转换,家庭的功能也逐渐相应地转移到了其他的社会领域,如经济的功能被城市中的公司等经济组织取代,教育的功能由专门的教育机构(学校)承担,家庭的功能因而逐渐减少,现代城市家庭的功能更为专门化了。按照功能主义的观点,现代城市家庭只承担社会化、情感支持和彼此陪伴、性规则等少数几项功能。与家庭功能的这种变化趋势相适应,全世界的城市家庭结构正在逐渐朝核心家庭的方向发展。三代或更多代生活在一起的家庭已经越来越少了。

城市的经济制度。在城市的制度文化中,经济制度是极为重要的内容。一方面,经济制度是城市文化的重要表现形式;另一方面,城市文化又是城市经济制度的重要塑造力量。这是因为,每一个生活于社会之中的人,都必然要经历一个社会化的过程。而所谓社会化,就是个体接受社会文化的培育和熏陶并习得一定文化价值规范的过程。正因如此,社会文化因素必然会通过已经社会化的经济主体对无论是传统乡村还是现代城市的经济活动、经济制度产生作用。在现代城市中,市场制度无疑是最基本的经济制度。而现代城市的这种制度也是在一种社会文化的氛围中孕育和发展的,只不过这种文化是与乡村文化不同的现代城市文化而已。

城市的政治制度。城市的政治制度既是城市社会文化形态的建构,同时也在建构城市的社会文化形态,不仅可以展示一座城市的文化性格,而且也能在一定程度上折射出一个时代、一个社会的精神特征。阿尔蒙德和维巴的研究表明,如果一个城市的政治文化是臣属型的,那么生活于这种城市文化背景中的人虽然也知道自己是"公民",并关注政治,但往往以一种被动的方式卷入政治。当一个城市的市民习惯于把自己视为驯服的客体而非积极的参与者时,民主的政治制度显然难以在这些人所生活的城市中扎根。与此形成鲜明对照的是,在参与型的城市政治文化中,市民知道自己是国家的"公民",对政治非常关心。他们对自己城市以及国家的政治体制感到自豪，通常也愿意讨论它。这些人显示出较高程度的“政治能力”，知道如何以政治方式达成自己的意愿。因此，一个参与型的城市政治文化乃是城市民主政治制度孕育和生长的最理想的土壤。

3. 城市的精神文化

城市的精神文化是城市文化的内核或深层结构。城市的精神文化与狭义的文化概念内涵相一致，是相对于城市物质文化、制度文化的城市精神文明的总和，包括一个城市的知识、信仰、艺术、道德、法律、习俗以及作为一个城市成员的人所习得的其他一切能力和习惯。在城市的精神文化中，又可以分成两部分：一部分是通过一定的物质载体如印刷媒体、电子媒体以及其他有形物质媒体得以记录、表现、保存、传递的文化；另一部分则以城市市民的思想观念、心理状态等形式存在。就前者而言，又可以再细分为两种类型：城市公益性文化与城市经营性文化。城市公益性文化如学术性书刊、城市历史文化遗产、街头艺术雕塑、图书馆、博物馆等等，其基本特征是创造性和公益性，以提高市民的思想道德和科学文化素质为最高价值取向；而城市的经营性文化则是城市文化产业，如娱乐业、休闲业、传媒业等所提供的娱乐性、益智性、消遣性、休闲性的文化产品和文化服务。以思想观念形式存在的城市精神文化，如城市居民的价值观、精神追求、精神境界、理想信念、伦理道德、传统、风俗习惯等，则是城市居民的行为方式以及指导、影响、支配城市居民行为的规范、准则和城市居民价值观念以及行为心理的总和。它往往通过一个城市的民俗民风以及居民的精神风貌和道德水平表现出来，是人们判断城市文化水平的重要标准之一。

上述城市文化结构的各个层面，并不是孤立地存在，而是相互影响、相互作用、相互联系的，它们共同形成了一个浑然有机的整体。理解城市文化结构的各个层面之间的相互影响、相互作用的内在机制，无疑是我们理解整体性的城市文化的一个出发点。城市的物质文化是城市的“外衣”,城市的发展离不开诸如房屋、街道、交通、公共建筑等物质文化要素;城市的制度文化是城市的“骨架”,它为城市的物质文化和精神文化发展提供制度保证。而城市的精神文化则是城市的“灵魂”,城市居民的行为方式和指导、影响、支配行为的一整套规范、准则、价值观念等既是城市社会的现实在他们的头脑中的反映,同时,又反过来影响和改造现实,影响城市物质文化、制度文化的进步速度。

图2.7　由著名建筑师库哈斯设计的西雅图图书馆,构思大胆新颖,成为城市文化和生活质量的鲜明标识。

需要进一步说明的是，城市文化结构不仅可以从物质的、制度的、精神的层面加以理解，而且也可以从城市文化的文化特质、文化丛、文化模式诸方面去理解。城市文化特质是组成城市文化的基本要素或最小单位。一个城市的文化内容就是各种文化特质的总和。城市文化特质可以表现为物质文化的形式，如语言文字；也可以表现为非物质文化的形式，如房屋。城市文化丛亦可以称为城市文化特质丛，指因功能上相互联系而组合成的一组城市文化特质。它往往与市民的某种特定活动有关，而且往往是物质文化与非物质文化的特殊结合。如中国城市的春节活动是由吃年夜饭、看除夕夜电视晚会、走亲访友、互相拜年等一系列的文化活动组成的。城市文化模式是一个城市社会所有文化内容（包括文化特质、文化丛）组合在一起的特殊形式和结构。这种形式往往表现了一个城市文化的特殊性。不同的国家、不同的地区、不同的城市，因社会历史文化传统等的差异，必然具有不同的城市文化模式或城市文化结构与文化内容。

第三章
指标设计的参考体系

第一节　联合国教科文组织的文化统计标识

从笼统地研究城市的发展水平,到分门别类地提出不同的城市发展理念,是一个明显的进步。而从一般化地探讨“文化城市”,到提出“文化城市”的统计评估指标,则是又一个理论和实践上的飞跃。

我们研究文化城市的统计评估指标,不是孤立的。跨入21世纪,随着“文化城市”的提出和对城市文化的高度重视,随着文化在城市发展竞争中的作用越来越突出,联合国教科文组织(UNESCO),一些发达国家的政府、智库、研究机构和学者重新审查与文化相关的竞争力指标,根据文化城市发展的实践和可操作的要求,纷纷提出新的评估指数框架。联合国教科文组织设立了130多个文化统计项目。1987年,随着联合国教科文组织所公布文化数据架构,文化数据首次进入全球领域,成为第一个正式的文化数据国际分类。联合国教科文组织在两次世界文化报告中以附件的统计数据公布了全球各国的文化数据,同时成立了专责统计机构以进一步从事文化数据的研究与发展(http://www.uis.unesco.org/),为世界范围内对城市文化统计指标的研究,起到了促进作用。而全球各种研究机构也立足于各自的背景和积累,提出了与“文化城市”内涵有一定关联的各种统计评估指标。

首先值得关注的是联合国教科文组织提出的文化统计标识,它不同于单个国家制定的文化统计标识,而是立足于联合国教科文组织一

贯的全球视野当中,展现出自身系统的特点:

(一) 保存和发展人类文化的多样性是前提

人类进入近代文明社会以来,对于一元文明的选择与多元文明的选择争论不休。随着西方工业技术获得巨大的发展,西方文明对整个世界的影响也是盛况空前,人们简单地认为,要进入现代文明,就必须向西方文明学习。然而20世纪以来,两次世界大战的爆发以及由文明冲突而带来的现代战争打破了人们的幻想,更多的人开始反思。文化的多元化与多样性的存在不仅仅是需要与否的问题,而且在于如何保护、发展和利用这种文化的多样性来迎接人类社会发展的新阶段。

联合国教科文组织作为一个世界性的文化组织,它在20世纪40年代成立,其中一个非常重要的宗旨就是要维护文化多样性在世界上的发展。这种观念不仅体现在1998年提出的这份文化统计标识之中,而且还表现在专项工作与专门文献当中。2001年的"9·11"事件曾被不少舆论认为是"文明冲突"的现实案例,在"9·11"事件之后不到两个月,联合国教科文组织第三十一届大会就通过了《文化多样性宣言》,之后很快启动了《保护文化内容和艺术表现形式多样性公约》的起草工作。

2005年10月20日,联合国教科文组织第三十三届大会以压倒性多数通过了《保护文化内容和艺术表现形式多样性公约》(简称《文化多样性公约》)。它意味着文化多样性原则被提高到国际社会应该遵守的伦理道德高度,并具有国际法律文书的性质。在这份公约中,它表明了文化多样性是客观存在的基本观点,并涉及以下基本认同:每种文明和文化都是在特定的地理环境和特定的人群中产生和发展的,它不仅包括语言文字、文学艺术,还包括生活方式、价值体系、宗教信仰、工艺技能、传统习俗等极其丰富的内容。尊重多样性,就是尊重文化的异质性。文明和文化有发展先后之别,却无优劣高下之分,它们都应获得同等的尊重和人类共同的保护。

文化多样性注定会保留下去,其原因也不仅仅是因为它的不可避免性,也由于在人类发展过程中,文化多样性发挥着不可取代的作用。从某种程度上来说,文化多样性是可持续发展的源泉。如同生物多样性是一个关系到生命在地球上续存的根本问题(1992 年联合国环境与发展大会签署了《生物多样性公约》),文化多样性是一个关系到人类文明续存的根本问题。每一种文明和文化都拥有自己的历史精神和人文传承,有独特的美丽和智慧。美国人类学家博克说:"多样性的价值不仅在于丰富了我们的社会生活,而且在于为社会的更新和适应性变化提供了资源。"一种文化如同一种基因,多基因的世界具有更大的发展潜力。2002 年 9 月,在联合国约翰内斯堡"可持续发展首脑会议"上,法国总统希拉克提出,文化是"与经济、环境和社会并列的可持续发展的第四大支柱"。会议宣言指出,文化多样性是人类的集体力量,在可持续发展思想体系中具有重要价值。

文化多元性作为人类精神创造性的一种表达,它本身具有令人思考的价值。这种价值既表现在人类精神和物质遗产,也表现在对现代精神文明的影响和投射。它不应该拘泥于专家学者的挖掘、探讨与研究,也应该面向社会大众开放,共同领略不同文化所带来的不同感受。它们的多样化存在,时刻提醒人们,人类生活形态的多样性,有利于培养人类的全球视野。

由此,必须保护文化多样性得到认可的同时,另外一个问题也油然而生,如何保护文化的多样性?在《文化多样性公约》中,它确认文化产品不同于一般产品,具有物质和商品两重属性,要通过生产文化产品来发展文化的多样性。公约生效后,各国自主制定和保护文化表达方式多样性政策有了保障,在多边国际组织框架内推动文化多样性的交流与合作有了保障,文化产业的发展也渐渐成为一股潮流,它尤其为支持弱势文化的发展提供了极大的空间。

(二)确立国际化的标准和保存多样性的平衡是重心

这两者似乎是矛盾的,但是在实践中又是可以逐步统一的。它以文化遗产的保护为例,说明了建构国际标准的必要性与保护文化多样性之间的意义。文化遗产最明显的组成部分是可接触性遗产。它包括不可移动文物,如纪念物、建筑、具有考古学或其他意义的遗址、历史集合体,以及那些“自然”的成分,如树木、洞穴、湖泊、山岭和其他具有重要文化传统的文物。同时,也包括可移动文物,如用各种材料所做的艺术品,具有考古学意义的用品,可以体现出可能已失传的技术的物品。比如工具、衣服、武器等。除此以外,还有不可接触性遗产,也就是人类的智慧遗产:思想的产物,如文学作品、科学和哲学理论、宗教、仪式、音乐,以及体现在技术、口传历史、音乐与舞蹈之中的行为及知识结构。

人类文化遗产的存在多种多样,随着人类社会多向度发展,对人类文化遗产的破坏也不断出现多种形式,而人们对人类文化遗产的保护也在与时俱进。研究过去 100 年社会历史的学者绝对不会忽略这样的事实:技术变更的步伐急剧加快,从 1900 年起一系列关键性技术实现 50 年一革新,到 1950 年缩减到 15 年一变,再到现今信息社会的 3 年一变,除了战争以外,信息变革以及全球化的经济比以往任何一个时期给文化遗产带来的威胁都要更迅速、更广泛。

比如,现代所修建的大规模公共设施可能对文化遗产产生威胁。公路与机场的建造、工矿业的发展、水利工程、土地开垦、城市化及乡镇建设、旧城市中心的现代化等等诸如此类的举动,以横扫一切的方式给文化遗产带来巨大的损失,乃至完全消失。1968 年,联合国教科文组织在一项重要的合法的国际准则中对此表现了深刻担忧,这就是《关于保护公共和私人工程所危及的文化财产的建议》。

联合国教科文组织还出台了四项多边公约来加强对可接触性文物的保护。它们分别是《关于在武装冲突下保护文化财产的公约》(即海牙公约)及其附加议定书(1954 年)、《联合国教科文组织关于采取措施禁止和防止非法进出口和所有权非法转让的公约》(1970 年)、《保护世界文化和自然遗产的公约》(1972 年)。

联合国科教文组织针对具体的某类文化遗产保护提出了建议。1976 年,在《关于保护历史建筑群及其在现代生活中作用的建议》中指出,在我们生活的世界里,从东方到西方,从北部到南部,许多古老的城市正经历着同样的破坏,城市里修建电线杆、电缆塔,安装电话、电话线,竖起大规模的广告标志,无不在改变这些城市面貌的和谐。也就是说,普遍出现的现代化倾向,正以非常快的速度破坏掉一种独特的文化遗产。而国际公约、建议以及指导方针不断地发展,它们不仅是用来帮助各国进一步加强国际合作,也是要吸纳各国国内立法、行政的实践和政策。因此,这些公约、建议和指导方针能够阻止对文化遗产的破坏,并减少其进一步恶化的可能性。

所有这些公约与建议都是在现今最专业化的实践活动的基础上提出的,用来保证对文化遗产的维护与保存。这些条文帮助各国政府进一步意识到文化遗产作为人类宝藏的重要性,并且提供基础性的原则来指导各国国内立法,以考虑到与其国境内诸多与遗迹相关的特殊因素。同时,这些关于文化遗产保护的建议,同联合国教科文组织在其他领域的建议一样,由联大会议所接纳,并为各国的行动提供法律基础。成员国有法律上的义务将制定标准的建议切实地转化成国内的政策来加以执行,并且将执行的情况、或无法生效的原因做成书面报告呈交联合国。

尽管关于各国对公约的执行信息并不十分完整,但是,可以肯定的是世界遗产公约有广泛的参与率,是世界上最成功的公约之一。现在,联合国教科文组织已经将其保护性的准则发展到全球普遍接受的程度。然而,经济全球化的大潮对文化遗产的管理提出了新的疑问。在新的经济形势下,市场的力量可以冲击到世界上最偏远的地方,贸易的开放带来走私的可能,一国的文化遗产往往会以令人惊异的方式走出国境。而商业的全球化也增加了各种产品的同质性,跨国公司以前所未有的规模发展,将同样的标志和文化带往不同的地方。出版业与娱乐业与高科技的结合,可以在瞬间将同一文化产品传播到世界各地。

如此纷繁复杂的景象对文化遗产公约的完善提出了要求,如何一如既往地保持标准的统一性与保护文化的多样性。前者不断试图促使新的适应性的机制形成,根据各国的情况进行修改和补充。后者力图在全球化的背景下,保证任何地区的人都能够平等的接触到各种文化遗产。前者走向内容的细化,后者走向视野的全面,逐渐形成了一个新的动态的平衡系统。而实际上,国际标准的建立就是为文化多样性的保护提供方法的指导,文化多样性的良好保护则为国际标准提供了验证的基础。因此,近年来的一些重要国际文化宣言、条约和公约,都在努力设计当中,针对上述问题而破解矛盾。

(三)数字化时代的信息存储和版权贸易是重要背景

在数字化时代,文化遗产的保存和版权贸易,具有了全新的意义,从而不断修正人们对原有知识的认知,接受诸如"文化遗产数字化"等各种新信息的冲击,这对文化统计标识的制定来说,也是一个巨大的考验。

21 世纪是信息化时代,而信息的数字化形态越来越为人们所重视。数字化技术的重要性至少可以体现在以下几个方面:(1)数字化是数字计算机的基础:若没有数字化技术,就没有当今的计算机,因为数字计算机的一切运算和功能都是用数字来完成的。(2)数字化是多媒体技术的基础:数字、文字、图像、语音,包括虚拟现实,及可视世界的各种信息等,实际上通过采样定理都可以用 0 和 1 来表示,这样数字化以后的 0 和 1 就是各种信息最基本、最简单的表示。因此计算机不仅可以计算,还可以发出声音、打电话、发传真、放录像、看电影,这就是因为 0 和 1 可以表示这种多媒体的形象。用 0 和 1 还可以产生虚拟的房子,因此用数字媒体就可以代表各种媒体,就可以描述千差万别的现实世界。(3)数字化是软件技术的基础,是智能技术的基础:软件中的系统软件、工具软件、应用软件等,信号处理技术中的

图 3.1　美国西雅图市的视听博物馆。

数字滤波、编码、加密、解压缩等等都是基于数字化实现的。例如图像的数据量很大,数字化后可以将数据压缩至原来的十分之一至几百分之一;图像受到干扰变得模糊,可以用滤波技术使得变得清晰。这些都是经过数字化处理后所得到得结果。(4)数字化是信息社会的技术基础:数字化技术正在引发一场范围广泛的产品革命,各种家用电器设备、信息处理设备都将向数字化方向变化,如数字电视、数字广播、数字电影、DVD 等等,现在通信网络也向数字化方向发展。由此可见,信息化社会实际上就是数字化时代,两者分别从内容与技术方面对现代社会进行特征化描绘。

数字化技术普及以来,人类开始了"数字化之路"。从"网上国家博物馆"的建立到私人旅游相片的上传,从数字相机、数字摄像机、数字电视到电子报纸、电子机票,数字化技术遍布每一个角落。其中,我们也发现,数字化也涉及了各种文化遗产的保护与传播,而且,其数字化发展程度已经成为评价一个国家信息基础设施的重要标志之一。因此,当前世界发达国家无不以国家政策为主导,以公共资金带动大量社会投资而启动文化遗产数字化建设。

1992 年,联合国教科文组织开始推动"世界的记忆"项目,该项目的目的是在世界范围内,在不同水准上,用现代信息技术使文化遗产数字化,以便永久地保存,以及最大限度地使社会公众能够公平地享有文化遗产。该项目反映出,在世界范围内迅速发展的信息技术开始对文化遗产的保护与开发工作产生了影响。

1994 年 9 月,美国国家科学基金会正式公布了一项为期四年、投入 2 440 万美元的"数字图书馆启动计划"。1995 年 3 月,法国也开始在新建的法国国家图书馆将该馆收藏的 100 万册图书数字化。该馆特别重视"文化遗产"数字化,将该馆收藏的艺术精品及分布在法国各地的古书艺术插页用彩色高分辨率扫描仪录入光盘。

1995 年 5 月 29 日,法日美英加德意七国的国家图书馆在法国成立了 G7 全球数字图书馆集团,以后又扩展为 G8 集团,该项目的目标是从现存的数字化项目中组织一个大型的人类知识的虚拟馆藏，通过网络为广大公众服务。

1999 年，欧盟“内容工作启动计划”开始启动，该计划将文化遗产进行数字化的存储和整理作为基础，开始了一个史无前例的宏大工程。它的主要工作于 2004 年结束。

2002 年，新加坡发表《新加坡创意产业发展战略》（*Creative Industry Develop Strategy — Propoling Siggapore's Creative Ecenomy 2002*），明确提出要建设 21 世纪亚洲文艺复兴的关键城市，要以媒体、设计、艺术为三大重点，全面提升新加坡的文化素质和文化辐射力，成为亚洲城市走向新的文艺复兴的领军城市。

2005 年，日本野村研究所提出了“泛在网络社会建设”，提出要通过新一代的智能网、物联网、传感网等，建设一个无所不在、无所不包的信息化网络，包括把图书馆、报刊、影视等，通过泛在网络向全体国民传播。

2009 年 11 月 3 日，温家宝总理在《让科技引领中国可持续发展》中指出：“我在无锡考察时参观了中国科学院微系统所无锡传感网工程中心，很高兴看到一批年轻人正在从事传感网的研究。我相信他们一定能够创造出‘感知中国’，在传感世界中拥有中国人自己的一席之地。”①而 IBM 的专家提出：“智慧城市”的理念和系统建设。“智慧城市”的核心是三个“化”：物联化、互联化、智能化②，向一个“可感知”、“更集约”、“多节能”、“超智能”的方向发展。

发达国家推动文化的数字化建设，已经展示出人类文化史上的又一次空前的“媒介转移”。如同纸质媒介、电磁媒介所引发的人类文明飞跃发展一样，向电子媒介的转移展示了新的重大发展机遇，因此，这

---

① 中华人民共和国中央人民政府网站 wwww. gov. cn

② IBM 专家指出：所谓智慧城市，从技术开发的角度看，重点是开发“可感知与智能型”的服务系统→把人的感知转化为社会需求的“数据”→将需求“数据”的信息提炼出来→成为经济社会发展所依赖的“智慧”→确保城市由人工“智能”所引导，走向运作高效的人居空间。《IBM 中国研究院副院长陈滢访谈》，《佛山日报》2010 年 5 月 23 日。

图 3.2　无锡：国家传感网工程发展中心，
著名的山水景观城市。

种巨大的转变不能不反映在文化统计标识的设计上。

如果说数字时代为文化遗产的保护和发展实现了媒体介质的扩张或者转移，那么数字化时代对版权贸易的影响则更深层地改变了它的形式。由于智力创造具有无形的特性，对它的保护必须通过明确的法律条文加以保障，这也是激励原创者进行更多更好创作的根本方式。而版权贸易则是在版权保护的基础上，以版权为标志进行的交易活动，它是版权的有关经济权利的转让与许可。具体来讲，即版权所有人与作品使用人之间，就有偿转移某部作品之版权中的某项或几项财产权(作品使用权)进行的法律行为。版权贸易使版权保护经济化,活跃了版权保护的空间气氛。

在数字化时代,科技进步对版权贸易的发展具有重大影响,因为科技进步带来的各种新技术手段使受保护的作品传播到公众,散布的领域扩大到国际范围,图片、音像制品、广播、电视、录像带、光盘成为新载体,传播着受保护的作品,并衍生出新的应受到保护的作品,因此,版权贸易的经济利益不断受到挑战。为此,国际版权体系重新修订,增补了新条款,更新了国家立法,以适用不断出现挑战。通过重新定位作者与表演者、制作者之间,版权持有人与公众之间,工业化国家与发展中国家之间微妙的利益平衡来打击不断出现的盗版现象。

鉴于前所未有的复制技术使艺术创作者和经营者遭受经济损失,1971 年,在日内瓦签订的《保护唱片制作者禁止未经许可复制其唱片的日内瓦公约》,国家有权选择保护音像制品生产者的方式。直到 20 世纪 90 年代,关于数字化时代知识产权保护的争论仍然是一个焦点。美国、日本等发达国家,率先认识到知识产权在国际贸易中的重要作用,把知识产权作为一种新的贸易推动力量,并通过关贸总协定的多边谈判,把服务和知识产权纳入到世界贸易组织的总体框架之中。

基于此背景,联合国教科文组织提出的文化统计标识中包含了文化贸易与传播等相关内容,对社会大背景的关注,也是文化统计标识的一个重要特点。

(四)方法是强调建立文化统计标识

它的方法是建立一套文化统计标识(不是文化统计指标),包括 100 多个文化标识,这些文化标识提出的目的并不在于测量世界文化,因为世界文化是一个复杂的综合体,包含了太多的层次,标识的任务只是呈现世界文化中容易测量的方面,并逐步拓宽世界文化中可测量和可报告的方面,以此来标识出各个国家、各个地区的文化状况,并且作为进一步开展文化统计和分析的基础。

首先，在涉及文化哪些量化方面要强调和如何表现这些方面时，既要保证测量的可执行性，又要保持各种相关因素的平衡，以保证文化标识是世界性的文化标识，而不是偏向于某些国家，或者某些领域。例如，因为在一般情况下，文化产品的生产和消费是文化标识中最丰富，也最易量化的领域，而与此相矛盾的是，国家越富裕，通常文化产品的生产和消费量则越高，那么这些国家在相关方面"得分"就较高，这就容易使人误认为其结果是富国文化成就的指数。因此，文化标识面临着如何引入各国多元文化的挑战，以此来平衡文化生产和消费市场标识不可避免地向富国倾斜。在文化标识中，一方面，关于文化产品领域可测量的文化标识必须保留，另一方面也必须加入体现"多元文化"特征的国家公共节日表、文化遗址表等，其中，还包含了一些人们的对外交流性的行为活动，如到国外学习、到国外旅行、向国外打电话等等，都进行了量化分析。

其次，遗憾的是，在联合国教科文组织 1998 年首次世界文化报告中，许多文化方面被省略，其原因之一是有价值的数据太少，或者某些数据并未形成合理的文化标识的统计数据。这些省略的部分包括：文化自由、文化歧视、少数民族文化权利和对它的支持、语言表达自由、旅行自由、领导礼拜的宗教自由和宗教活动的自由、文化容忍、少数民族、官方语言、主导口语与方言、文化教育、文化参与、文化奖励、艺术馆、音乐表演、专业性艺术和工艺、文化产业和文化劳动力等等。

图表 3.1　统计表和文化标识目录

文化标识类别	文化标识目录
文化活动	报刊、图书和图书馆
	广播、电视和电影
	录音音乐
	表演艺术
	档案和图书馆

续 表

文化标识类别	文化标识目录
文化习俗和遗产	国家的公共节假日
	世界遗产场所
文化贸易与传播	文化产品的贸易
	国际旅游
	传播与新技术
文化发展趋势	书籍
	报刊和文化用纸
	收音机与电视机
	电影
	传播与旅游
	文化贸易
公约的批准	文化公约的批准
	人权公约的批准
翻译	翻译和外文书
	各本源语译成其他文字情况
	最经常被译成外文的作者
文化环境	教育
	在国外的高等教育
	人力资源
	人口与健康
	移民与难民
	经济
	批准文化公约国家及其遗址(较不知名的成员国)
	文化标识的地区性总计

资料来源：联合国教科文组织：《世界文化报告(1998)——文化、创新与市场》，北京大学出版社 1998 年版。

第二节　欧洲创意指标

哥伦比亚大学博士、卡内基梅隆大学教授理查·佛罗里达(Richard Florida)博士提出城市创意指标。他从一个地区或者城市发展创意经济的核心资源是创意型人才,而集聚创意人才的关键是提升城市的综合创意指标。他提出一个地区或者城市创意指数3T框架,即科技指数、人才指数、包容度指数,以此分析欧洲城市在创意活力方面落后于美国城市的原因①。

佛罗里达紧紧围绕创意经济的核心资源——创意精英人才,设计了八项指标来衡量一个城市的创意活力:高科技指标(high-tech index)、发明指标(innovation index)、同性恋指标(gay index)②、波西米亚指标(Bohemian index)③、才能指标(talent index)、人种熔炉指标(melting pot index)④。然后他又在这八个基础上合成两个最根本的指标:多样性指标(diversity index)、创造性指标(creativity index)。虽然佛罗里达设计的这个指数框架引起了广泛的争议,但它毕竟鼓励了更多的有识之士去研究创意经济的规律和指标。

佛罗里达在2004年与他人合作完成的《创意时代的欧洲》报告中进一步采用了"欧洲创意指数"。欧洲创意指数主要由三方面指标构成:欧洲人才指数、欧洲技术指数和欧洲包容性指数。

(一)"欧洲人才指数"包括:

1. 创意阶层指数,即创意从业人数占整个从业人数的百分比。

---

① 佛罗里达:《创意新贵》,宝鼎出版社2003年版。

② 同性恋指标是指一个城市对同性恋的给予科学对待的、理智的程度,而不是将它当作一种邪恶加以禁止、杀害和打击,或者片面地鼓励。

③ 波西米亚指标是指一个城市中崇尚文学艺术,而不跟随世俗的人才及其创作的发达程度。

④ 人种熔炉指标是指一个城市的人种多样性,也就是人群的文化包容性。

比较而言，美国拥有最高比例的创意人员，接近30%；比利时、荷兰、芬兰紧随其后，均超过28%。除上述各国外，还有英国、爱尔兰和丹麦，这些国家的创意产业从业人数均超过蓝领工人数。

2. 人力资本指数，即25—64岁人群中拥有学士或以上学位的人数比例。这是全体人群中最富有活力的一个年龄群体。

3. 科技人才指数，即每千名工人所拥有的从事研究性工作的科学家与工程师的数量，一般而言，创意阶层指数最高的国家，人力资本指数和科技人才指数这两项也相应的比较高。

（二）“欧洲技术指数”包括：

1. 研发指数，即研发支出占GDP比重。

2. 创新指数，即每百万人拥有的专利申请量。

3. 高科技创新指数，即每百万人拥有的在生物技术、信息技术、制药以及航空等高科技领域的专利数。

“欧洲技术指数”评比结果表明，瑞典和芬兰在这些欧洲国家中最高，仅次于美国；其次是德国、丹麦、荷兰、比利时、法国和英国。

（三）“欧洲包容性指数”包括：

1. 态度指数，即主动或被动宽容的人数占总人数的比例。

2. 价值指数，即一个国家将传统视为反现代的或世俗价值观的程度。这类指数通过一系列的提问得出，其中包括对上帝、宗教、民族、权威、家庭、妇女地位、离婚、堕胎等的态度。

3. 自我体现指数，即代表一个民族对待个人权利和自我体现的重视程度。该指数也通过一系列的提问得出，包括对自我体现、生活质量、民主、科技、休闲、环境、信任、政治异议、移民、同性恋等的态度。

“欧洲包容性指数”评比结果表明，最宽容的是西班牙人和瑞典人；自我体现指数最高的分别是瑞典、荷兰和丹麦，均高于美国。

综合“3T”指数得出评比结果为：瑞典是最有创意的国家之一，其次为美国等国家。不难看出，瑞典、芬兰、丹麦等北欧国家已有赶超英国、德国等一些老牌工业化国家之势。爱尔兰、意大利等“新秀”已有奋力猛追之势。

第三节　香港创意指数体系

香港特别行政区民政事务局委托香港大学文化政策研究中心许焯权领衔所做的研究课题，在进行创意产业研究的基础上，提出了推动香港“创意经济”的四大资本形态，即结构/制度资本、人力资本、社会资本和文化资本。可以说，这四大资本最丰厚、最密集的地方，也就是城市创意产业最优越的土壤。

该课题组提出的香港创意指数5C框架①，即五大类指标：创意成果（用以量度创意的成果，其范围包括经济贡献、经济部门中富于创造力的活动、非经济回报的创造力）、结构和制度资本（用以量度最有利于创意的社会条件，其范围包括法律制度、贪污程度、发表意见的自由、资讯和通讯科技的基础建设、社会和文化的基础建设、社区设施、金融结构、企业化程度）、人力资本（用以量度人力资本的三个条件：社区为知识库的发展提供一个合适环境的能力、社区增长和知识工作者的可得性、人力资本与人口的流动性）、社会资本（用以量度有利于创意的社会条件，包括一般信任、制度信任、互惠原则、功效原则等）、文化资本（用以量度有利于文化参与的社会环境，包括公共部门与企业对投放资源来参与文化艺术发展的承诺，在创造力、艺术、教育和知识产权保护方面的规范，社区里文化参与的程度和范围）等。

从创意的角度看，资本的四种形式是相互补充的，也是一个相互依托的系统。比如，一个城市如果缺乏承付给艺术和文学发展的公共

① 香港特别行政区民政事务局：《创意指数研究》，由香港大学文化政策研究中心提供顾问报告。

部门和法人的资源、缺乏对创意,艺术、艺术教育和知识产权保护上的普遍文化标准,缺乏全社会参与文化活动的广度和比较高的水准,那么,它就难以产生新思想和新主见,难以扩大创意的生成。随之,它就难以建立信用、互惠、合作和充足的社会网络,难以丰富集体福利,活跃社会表达机制和市民承诺机制。从而,就难以吸引优秀的创意精英和其他优秀的人力资源,而经济增长就失去了最根本的发展动力。

图表 3.2　香港创意指数所指的四种资本形式

资本形态	基本特点	具体内容
结构/制度资本	一个社会的制度和环境能够提供许多条件来促使创意发生。这些条件也决定其他资本形式的利用和分配	法律制度 言论自由 为文化发展所做的国际承诺 信息传播技术形成系统的各个部分结构 社会和文化形成系统的各个部分结构 企业家能力和金融结构
人力资本	人力资本是经济增长的关键。 在一个社会里,人力资本的大量流动更加容易促成文化交往,技能和知识的传递以及新思想的产生	为知识资源发展提供良好环境的社会程度 人力资本和人口的流动,包括流动劳动人口的暂住人员,外国工作人员数和在国外学习的留学生人数。其他指标:包括到达居民、离开居民和移民的人数
社会资本	信用、互惠、合作和充足的社会网络,有利于丰富集体福利,活跃社会表达机制和市民承诺机制。所有这些,反过来又使个人和集体的创意能力兴盛起来	广义上的信任 制度上的信任 互惠机制 功效感 合作 对少数民族的态度 现代婚姻的观念 自我表达的机制 社会活动的参与

续　表

资本形态	基本特点	具体内容
文化资本	关于文化、艺术和创意的活动和特殊品质 一个有利于文化参与活动的社会环境能产生新思想和新主见，从而有利于加大创意的生成	承付给艺术和文学发展的公共部门和法人的资源 对创意、艺术、艺术教育和知识产权保护上的文化标准和价值 一个社会参与文化活动的广度和水准 在艺术和文化方面的公共开支 对艺术和文化的总体态度 特殊艺术教育与普通人口在不同文化活动中的参与率

香港创意指数（HKCI）是一个全新的、旨在衡量香港创意情况和决定创意发展因素的统计性框架。建立香港创意指数的出发点源于一个非常简单的理念：一项创意行动可以应用“创意活动循环”的概念加以描述。

从它提供的研究视野看，创新能力是社会行动者（socialactor）的内部过程。换言之，个人、私企、公共机构都可以运用自己的技能、知识和资源，并花费时间在不同形式的创意活动中。这就形成了香港创意指数研究者们的基本观点，即创意是一个社会过程，它因价值观、规范、实践、“社会资本”和“文化资本”的结构以及“人力资本”的发展等因素而发展，并受其制约。当创意能力被嵌入到上述四种资本形式的背景下，它的表达将受到硬件、机制、市场、社会能力、人的可获得性（简言“结构/制度资本”）的促进或者制约。这些不同的资本形式的累积效应和相互影响就是可以衡量的“创意成果/产出”，它包括经济产出、激励性活动和任何其他形式的创意产品、服务和成就。因此，以上四种资本形态与创意成果/产出结合，构成了香港创意指数研究模型：“5C”模型，其中，四种资本形式（结构/制度、人力、社会和文化资本）是创意增长的决定因素，而这些决定性因素相互作用的累积效应是以创意成果或产出为表现形式的。

图表 3.3　香港创意指数“5C”模型图①

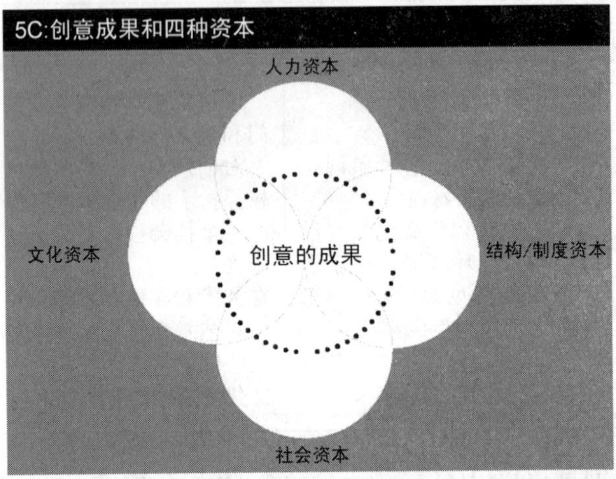

在“5C”模型中，这些决定因素之间的关系不存在等级秩序，它们同等重要、相互增强。虽然创意能力和思想能够提高创意产量，但是不同形式的资本和创意产量之间的关系并不等同于简单的“原因和结果”的公式。每一个概念都从不同层面加以阐释，从而分别反映出不同资本形式和创意产量的现状与动态变化。以下可以对“5C”模型的具体概念进行比较详细的说明。

（一）创意成果/产出

创意活动和创新产生的不仅仅是以业绩指标（如 GDP 增值、贸易额等等）来衡量的经济效益，还在老百姓之间产生了可以彼此分享和传达的创意成果。经济产出代表了创意经济的增长及其创造财富和就业的潜力，而其他的创意产出表现为社区创意活动的一般前景、生命力和活跃性。创意产出的这两个方面分别从经济和非经济成果角度描绘了社会创造力所达到的程度。

香港创意指数设计了一个数据框架，衡量创意的“经济贡献”、“经

① 本图表来源于 HKCI－InteriReport。

济领域的创意活动”和“非经济收益”等指标。在该框架中所选择的指标涵盖了以下广泛的领域:(1)创意产业的经济贡献;(2)创意产业的就业人数规模;(3)创意产业的交易额;(4)中小型企业的企业精神;(5)电子商务的经济贡献;(6)商业领域的创造能力;(7)与专利申请相关的创新活动;(8)创意部门和文化艺术领域的创新活动(非经济指标)。

(二)结构/制度资本

对于结构/制度资本,香港创意指数框架界定了六种社会条件——“法律制度”、“言论自由”、“国际上对于文化发展的投入”、“信息和交流技术的基础建设”、“社会和文化基础架构”和“企业精神和金融结构”。这些条件为一个社会产生创意活动提供背景条件。更为重要的是,它们为发展和保护创意提供了背景条件,也决定着其他资本形式的使用和分配环境。

关于法律机构、国际惯例和言论自由的衡量指标也是相互关联的。法律条件不仅为商业活动提供了规章框架,同时也对知识产权进行保护。这些条件对于经济活动中的任何创意生产都是至关重要的。通过权衡国际惯例的履行和言论自由的状况,可以看出一个社会的规章制度的设置情况,而这些条件则为思想交流、信息获取、结社和社会参与的自由提供了良好环境。社会资本就是从这些条件中成长起来的,同时言论自由促进了新思想的产生和传播。

香港创意指数的框架还包括了一系列关于“社会和文化基础结构”以及“企业精神和金融结构”的指标。社会和文化设施或机构比如市政中心、社区礼堂、宗教聚会场所、非政府组织和文化场地都是可以进行社会和文化活动的场所,它们的可用性就是发展社会和文化资本的重要条件。出于同样的原因,电视、广播、电脑和因特网的普及对于信息的交流和传播也非常重要。一个条件设施较差的地方可能阻碍降低社会和文化活动的参与程度。但如果设施到位,创意的发展就有更多的硬件设备可以依靠。

图 3.3　香港数码港：培育数码科技和数字内容的创新基地。

企业精神和金融的基础结构是塑造创意经济环境的两个重要变量。亚洲存在着大量的中小型企业，这为企业精神的发展提供了环境，亚洲企业在商业运作上可以最大程度地体现其适应性和灵活性。这样的环境比较适合创意经济的新兴结构，中小型企业也着重生产“符号产品”(symbolicgood)和提供增值服务。金融市场结构的不断发展完善也在创意经营的发展中扮演了重要角色。金融资源为经济革新和生产提供了腾飞的燃料。高科技产业、信息交流技术和地区创意产业的发展很大程度上取决于这些资源。虽然香港创意指数并不支持对这些领域的投资进行直接衡量，但是在金融基础结构方面，关于外资直接投资、股市资本和风险投资的数量等指标的总体衡量，有助于对宏观金融环境与创意经济增长关系的总体评价。

（三）人力资本

对人力资本的投资长久以来就被认为是促进经济增长非常有效的因素。在对众多的发达和发展中国家的研究中，对于人力资本的标准研究在短期内即对国家的 GDP 增长有重要意义，对长期的经济增长也有积极的意义。而在理查德·佛罗里达看来，集中的创意阶层能够吸引更多的“人才”，并能进一步促进经济的繁荣。

香港创意指数支持这样的观点：人力资源对于经济发展至关重要。香港创意指数中的“人力资本”框架把文化发展和研究支出、发展和研究人员数量以及高学历人口数量作为表现社区创意投资和人力资本发展程度的重要指标。此外，指数还另外增加了一些指标以反映“人力资本”的多个层面，其中之一是参加“终身学习”的工作人口的数量。这个指标给我们提供了全新的尺度来衡量工作人口为持续发展技能所进行的投资。

除了人口素质的指标，研究者还在框架中创造了一系列关于人口流动的指标。人力资本的流动性就是其中的一个方面。较高的人口流动性会促进文化交流、技能和知识的传播以及新概念的普及。外来人口数、居民出国数、移民国外的人数也反映了人口流动的情况。通常人们认为外来人口数是旅游业的重要指标，因为它反映了当地的吸引力和好客程度，而这个指标同样也反映了当地环境是否有利于国际文化的交流。同理，出国人数也可以成为文化交流的重要指标。

简言之，“人力资本”框架衡量了支持人力资本发展的两方面条件。首先，通过衡量文化发展研究支出、发展和研究人员数量、高学历人口数量和参加“终身学习”的工作人口数量，检验了一个社区是否能够为“知识银行”的发展提供适宜的环境。其次，人力资源和人口的流动性可以反映社会对于文化交流、技能和知识的传播以及新概念普及的支持程度。这些人力资本的发展要素也可以加强其他资本形式，对创意产业的发展做出贡献。

（四）社会资本

香港创意指数的研究者认为，理查德·佛罗里达提出的第三个"T"——宽容指数（Tolerance Index）对于此项研究是十分重要的。这个指数选取了那些比较难以把握但又十分重要的方面进行研究。现在公认的观点是：当科技和人才成为创意经济不可或缺的资产之后，一个城市是否有吸引和支持创意经济的环境也是有同等重要的。

香港创意指数的"5C"模型中虽然没有如欧洲创意指数那样直接列出"宽容指数"，但也建立了相应的框架和指标来衡量香港在这方面的表现和潜力。首先是"社会资本"。社会资本指的是包含特定地方人群的社会网络。哈佛大学知名教授普特南就曾说过："社会资本为与此相联系的人们创造了价值。"香港创意指数通过社会网络和社会参与形式等方面来衡量香港人的价值和规范，尤其收集、建立了以下几方面的数据和指数：（1）概括性信任（Generalized Trust）；（2）制度性信任（Institutional Trust）；（3）互惠意识；（4）功效意识；（5）合作；（6）对少数民族的态度；（7）对新观念的支持度；（8）自我表达；（9）社会活动的参与度，包括志愿者工作、参与社会活动的障碍、俱乐部和组织成员以及社会人际接触强度等。

除了衡量人们的规范、价值观和他们的社会参与程度，"5C"模型中的"社会资本"还设定了"企业和个人的捐赠"以及"社会部门在社会福利上的支出"等指标，以评价一个地区社会资本的发展。这些指标不仅仅反映了社会资本发展可使用的资源的程度，还衡量了公共部门、企业和个人对于社会资本发展的支持度。

（五）文化资本

"5C"模型中另一个呈现社会宽容程度的框架支点是"文化资

本”。在相关的学术文献中这个概念已被反复运用和定义，“硅谷文化启动”推出了社会文化指数研究，而香港创意指数的研究也利用了“文化资本”来反映更为具体的创意活动、日常文化以及艺术和创意的具体特点。这些创意活动通常表现为不同形式的艺术和表演，但又不仅仅局限于此。就像一个人的创新态度经常可以在日常的工作和社会活动中体现出来一样，而不需要固定的形式。根据“硅谷文化启动”中的假设，文化参与可以产生新的观念和表达方式，并在更大的范畴里促进创意的发展。如果人人都尊重不同形式的艺术和文化活动并能够参与其中，人人都愿意在文化活动中花费时间和精力并培养下一代接触艺术和文化，那么一个社区的文化资本就会变得相当丰富。

香港创意指数衡量文化资本的数据结构与社会资本的框架十分接近，它包括了一个社区文化资本的三个方面。首先，通过衡量文化领域中的公共支出和企业捐赠来检测公共部门、企业支持艺术和文化发展的资源；其次，因为目前尚无法掌握个人可处置的艺术和文化收入的情况，香港创意指数使用“家庭在选定的文化产品和服务领域的支出”作为替代品，来反映社区在艺术和文化上的投资；而对于文化规范和价值的衡量很大程度上取决于人们对于创意的态度以及对艺术、艺术教育和人权保护方面的重视程度。一些关于社会资本和文化资本的衡量是相辅相成的。比如“对于自我表达差异和变化的态度”是社会资本十分基本的指标，它同时也是衡量其他资本十分重要的元素。对于文化参与程度的衡量覆盖了文化消费的很大层面，但这并不是经济的概念，而是对加入艺术和文化活动的方式的考量。

香港创意指数研究十分注意吸收世界经济论坛（WEF）、全球竞争力报告（GCR）和全球信息技术报告（GITR）的有用信息，并致力于整合这些不同的参考框架中的可借鉴部分，从而开阔了自身阐释创意指数的视野和体系。简言之，香港创意指数参考了众多国际具有前沿性创意标准的衡量基准，尤其是创造性地吸纳了美国卡内基梅隆大学理查德·佛罗里达教授创立的“3T”模型及其应用成果“欧洲创意指数”

的精华,结合本地的状况建构了“5C”模型,在此基础之上,提出了一系列可以应用的衡量指标和副指标。因而,与反映竞争力和创新指数的其他国际基准相比较,香港创意指数扩展了指标的范围,更具阐释性和应用的范围。

从文化城市的统计和研究角度看,许多业内人士在肯定香港创意指数研究的同时,也在这基础上提出了进一步探索的空间:

1. 准确地把握核心要素

香港创意指数提出了四种资本形式,即结构/制度、人力、社会和文化资本,是创意增长的决定因素,而这四个决定因素之间并非一种上下级关系,而是彼此平等、互相增强的关系。它给人一种“全局”概念,即如果一个城市或社会要改善它的创意业,必须全局动员,否则难以取得理想效果。

诚然,要在要素之间确定“原因—结果”的公式的确有些为难。不过,我们仍然需要一种类似马克思《资本论》里的分析,概括出一个类似“资本”(当然不一定就是“资本”)那样的核心要素,有了这个要素,我们在全局把握方面就有了一个“灵魂”,使我们无论在理解“5C”,还是理解“5C”所涵盖的众多附属指数方面都能“提纲挈领”、“有章可循”。而作为城市创意业方面的决策者,除了试图通过这样的指数全盘把握城市创意业的发展状况,更希望通过指数的权衡明了该从哪个核心要素入手,推动本城市的创意业发展,因为作为一个城市的总体发展,总是要权衡孰轻孰重、孰先孰后,所以明确什么是核心要素和先导要素具有现实指导意义。

2. 衔接供给、需求和分配

香港创意指数体系在创意供给、创意需求和创意分配方面都有附属指数加以体现。这些附属指数涵盖了供给、需求和分配要素,但是这些要素被打散了,因此我们看不到它们之间的互动。创意作为产业一定要考虑到产业链的形成与流动，当我们获取了供给、需求和分配方面的有关数据后，我们更需要一种分析它们的工具或者指导思想，例如，哪些要素和哪些要素是彼此衔接的？哪些要素和哪些要素是能够彼此互动的？这样的指数体系就有了“活”的能动性特征。

3. 体现城市的文化特征

香港创意指数为研究城市尤其是亚洲城市的创意发展提供了一个统计性框架，而作为一个应用于城市的指数体系，它不同于联合国教科文组织或者某些国家如美国、加拿大的评价指数，除了要获悉一系列微观指标，还有非常重要的一点就是：城市特征。创意业最重要的特征之一是多元性，一座城市创意业的特色恰恰在于它的独一无二，那么香港创意指数要通过什么样的指标才能够成功地考虑到一座城市的独有特征呢？在这一点关于它的研究和考核还有可以进一步深化之处。

4. 平衡指标的定量与定性

在这套香港创意指数体系中，我们看到大部分指数是完全可以量化的，而有些指数看上去难以量化。如果应用的话，或许也可以量化，不过其结果可能是“勉为其难”，可操作性值得商榷，因此，我们不确定的是，在处理这种指数时，是否应该考虑到创意业或者创意产品的非量化特征，进行适当的定性分析，或可在一项指标里划分等级、强弱进行衡量，“‘文化资本’框架中的指标列表”所涵盖的关于“规范和价值”的附属指数，当可进行定性的分析和把握。

总的说来，香港创意指数是一个具有很丰富的科学内涵的研究成果，它提出的大概念指数，不仅涵盖了创意产业的相关环节，在创意供给、创意需求和创意分配方面都有附属的具体指标，用以衡量一个城市创意产业对经济的贡献。与此同时，该创意指数把创意产业当作一个非常特殊的行业看待，而不是仅仅当作商品社会中的一般产业来处理。该指数涵盖了从法律体系、言论自由、国际惯例、社会和文化的基础结构到研发、教育、人力资本和规范与价值、文化参与等一系列关涉社会基础和公众利益的指标。从这个意义而言,香港创意指数无疑为亚洲研究城市创意行业提供了一个可供参考的、较为科学全面的方法分析体系。

第四节　台湾文化指标体系(台湾智库)

台湾财团法人台湾智库研究团队提出了"台湾文化指标(TWCI)——建构兼具气质与实质的永续台湾文化指标系统"。

这一项工作指出:每一个社会的文化背后,都隐含着一组价值体系。TWCI企图提取台湾社会的核心价值,作为文化指标系统的主轴,以便将纷繁复杂的文化表象,可以通过核心价值体系,来连接成为一串清晰可见的思考路径。所以,该工作团队采用归纳和萃取法,先从联合国教科文组织的130多个文化统计指标中,加上适应台湾情景的一些本土文化指标,从中归纳出几个核心价值群。再以台湾的实际案例相对应,在概念和经验之间,来回验证。一方面,通过验证而逐渐缩减、合并以及分解原有的价值项,另一方面调整和精炼指标的定义和叙述方式,经过长期的摸索以后,才确定了六个核心价值和所属的54个指标。①

该团队一开始,试图从联合国教科文组织的130个文化统计项目中,提炼出四个核心价值群,即普世伦理、多元共存、共识凝聚、永续发展,后来发现这样做,会形成四个价值群相互渗透,而难以归类,于是,全部打散,重新提出6P框架,即培养力——文化环境与文化人才的素质与数量之提升;创造力——文化作品质量和数量的评价;文化积

---

① 台湾财团法人台湾智库研究团队:"台湾文化指标TWCI——建构兼具气质与实质的永续台湾文化指标系统"。

累——经过时间的筛选，或者经过某种公共认可程序，而被大众接受的文化资产；可亲性——将文化作品广泛传播，让社会大众分享的设计与努力；开放性——国际间的文化交流，比如为地方性计划等；多元共存——对少数文化、异类文化、不同文化诠释的尊重，对民主与人权价值之发扬，人与自然界以及其他物种的和平共存。

尤其值得重视的是，它包括的可亲性指标，即将文化作品广为传播，让不同文化背景的社会大众分享的能力；多元共存指标，即对少数文化、另类文化、异文化、生态文化的尊重与交流，其中又根据台湾的

图3.4　台南市的历史文化遗产：著名的赤嵌楼。

特点包括了原住民文化、两性平权文化、其他文化多元化的努力、生物多样性之维护、环境品质之维护等，意图是更加贴近台湾文化发展的真实状况，而通过指标来给以有效的度量①。而台北市文化局采用的文化指标，包括文化指标、背景指标、效能指标三大部分，从操作的意义上进一步深化，做出了更加细密的分析。

第五节　世界银行的知识与发展的指标体系

世界银行的《世界发展报告》用专门一辑探讨知识在促进经济和社会福利发展方面的作用。它预示着人们开始认识到，经济不仅建立在实物资本和人类技能积累的基础上，还建立在信息、学习和对知识加以吸收改造的基础上。在《世界发展报告——知识与发展》②里，从三部分（缩小知识差距、解决信息问题、政策优先事项）提出了知识与发展的相互关联的评估指标问题，并对目前国际上一些重要案例进行分析，以此来揭示其主题。

该报告的亮点是从一个全新的角度——从知识的角度，来分析研究发展问题。知识有多种类型，这份报告主要关注于两类知识、两类问题：第一，关于技术的知识，也称之为技术知识或者技术诀窍。这方面主要包括了营养、控制人口、软件工程及会计等。不同国际间及国家之内的知识的不平等分配，称之为知识差距。第二，关于属性的知识，如产品的质量、工人的勤奋程度、或企业的资信状况等，它们对市场的有效运行非常重要。在获取关于属性的知识上遇到阻碍，容易造成所谓的信息问题。而解决这类信息问题的机制就包括制定产品标准、办培训班、发布信用分析报告等等。

《世界发展报告——知识与发展》的中心议题就是探讨知识差距

---

① 台湾财团法人台湾智库研究团队："台湾文化指标 TWCI——建构兼具气质与实质的永续台湾文化指标系统"。

② 《世界发展报告——知识与发展》，中国财政经济出版社 1999 年版。

和信息问题之间的关系及其对发展的影响，探讨国际机构和发展中国家政府如何更好地解决这两个问题。知识差距和信息这一孪生的问题在实际生活中是难以厘清的，但是在报告中作了比较明确的区分。

报告的第一部分讨论了知识对发展的重要性以及信息革命给发展中国家带来的风险和机遇，并探讨了发展中国家为缩小知识差距所必须采取的三个重要步骤：(1) 获取知识。涉及两个方面，其一是挖掘并采用世界其他地区已有的知识，比如，开放的贸易体制、外国投资和许可证协议等；其二是通过研究与开发，在本国创造、培育本土知识。(2) 吸收知识。包括确保全民基础教育，尤其是要重视对女童和传统上处于不利地位的其他阶层人士的教育；创造终身学习的机会；支持高等人士的教育，尤其是理工科教育。(3) 交流知识。通过增加竞争，由私营部门参与适度的规章管理，以利用新的信息及通信技术的有利条件，保证各个阶层的人都能平等地享受教育。

这些方法和步骤不是凭空而来的，而是在各国已经实行的文化纲领中已经具备一定的基础，将这些知识发展因素总结起来，是《世界发展报告——知识与发展》评估一个国家或者地区在缩小知识差距方面所做的努力。在现实中，发展中国家和工业国之间存在着知识差距，而在各国内部也存在巨大的知识差距，缩小这些差距所采用的战略往往也包含了一些相通的因素。

报告的第二部分探讨了信息问题的严重性，并认为它们是发展的一个重要障碍，对贫困人口而言尤其严重。信息不平等的分布永远不会完全消除，但该问题可以逐步改善，其方法部分地是通过针对发展中国家的具体情况和贫困人口所面临的特殊问题而涉及的机构性创新措施。它特别提出了信息问题特别严重的三方面以及如何解决问题，以实现经济的可持续增长：(1) 处理经济中的金融信息，尤其是通过有效会计制度和信息披露原则以确保公开性，以及通过设计在信息缺乏的环境中能起作用的规章性方法，在此前提，进行金融信息的处理。(2) 增加关于环境的知识，其方法是：进行多样化研究，为有效的环境政策提供基础信息;公布有关信息,以调动人们减少污染以及对环境尽职尽责的积极性。(3)解决损害贫困人口利益的信息的问题,理解这部分人口的需求和关心的问题,以便社会能为他们提供有用的信息,并以创新的方式帮助他们减少与市场的隔离,增加他们接近正规机构与企业的机会。

报告的第三部分探讨了为迎接信息社会新的挑战所应采取的政策选择。它从两个角度进行了分析:(1)国际机构能做什么?国际机构通过一些措施来帮助发展中国家跨越知识的差距,解决信息问题,这些措施包括:创建新知识;向发展中国家转让知识,并使知识适合他们的需要;对知识进行管理使之容易获取并不断更新。(2)政府应该做什么?政府在缩小知识差距方面处于一种非常独特的地位,它可采用开放的贸易体制,支持终身学习,或建立健全的法规环境,以促进竞争性电信产业的建立。

报告一方面提出要想方设法解决所面临的两大问题,同时,又明确指出知识差距与信息问题的长期性和普遍性,尤其是目前阶段,我们对知识的了解还有很大局限性。对于知识如何促进发展的研究是一个全新的领域,并没有一个标准尺度的存在,但是,作为一个知识与发展研究的起点报告,它仍然显示了它的独到之处。

《知识与发展》中提出了教育、贸易开放程度、电话密集程度与经济发展的相互关系问题。一般认为,与知识相关的三个因素教育、贸易开放程度及通信基础设施的供应状况(由电话密度、电话主线与人口之间的比率来衡量)与经济增长密切相关,这三个因素虽然不能代表获得知识或利用知识的全部指标,但它们确实提供了一个大体上的估算数字。它们表明,一个国家通过加强对民众的教育,加大对国际贸易环境的开放程度及增加电信基础设施的供应,就可大幅度提高经济增长率。如果一国在所有指标上都能从大大低于平均水平变为大大高于平均水平,那么它们对该国经济增长的影响可达4个百分点。

图表 3.4 教育、贸易开放程度和电话密度对经济增长的影响

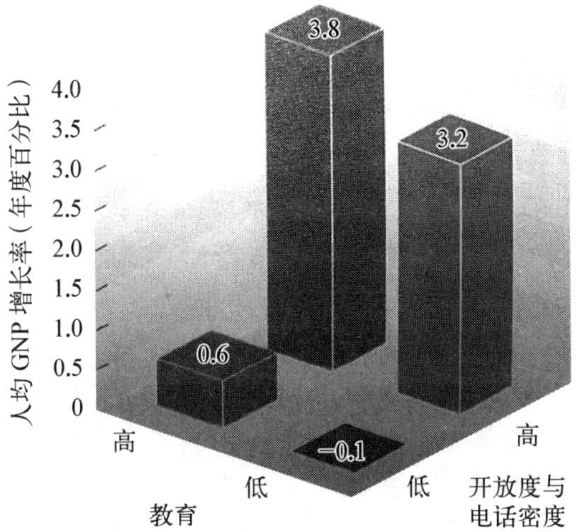

说明：每一柱体表示在 1965—1995 年间一组国家的平均增长率，教育指人口中受教育的平均年数。开放度是指出口量和进口量与 GDP 之比。电话密集度是指每 100 人中的电话主线数量。这些变量标为“高”或“低”，是指至少分别高于或低于抽样国家平均数 1 个标准离差。

并且，这一结论可以对三个因素的每一项进行解释：(1) 贸易开放程度关系到能否抓住利用国外知识的机会，这些知识包含在贸易的商品和服务中。贸易还可以使人学习到其他社会的商业惯例。贸易带来的这些与知识相关的收益，是国际贸易所带来的传统的、为人所熟知的收益的副产品。(2) 人们的受教育程度关系到他们利用知识的能力。(3) 电话密度关系到当人们需要获得信息时是否有能力得到信息。

《知识与发展》中将教育、贸易开放和电话密集度三因素与经济发展的关联用专栏的形式明确提出，尽管并未进行详细的展开分析，但仍然为后来的研究做了一个方向性的梳理。

世界银行特别强调研究知识与发展的相互关联性对发展中国家在现代实现跨越式发展具有非凡意义。目前，世界经济正在变得比以往任何一个时候都要一体化，也更具有全球性。无论是发达的工业国

家还是发展中国家都无法孤立于这种趋势之外。因此,知识差距问题与信息问题也将日益显著,解决好这两个问题对发展中国家的发展将具有特殊的意义。

该报告用"东亚奇迹"来描述中国香港、中国台湾、韩国、新加坡在近现代的飞速发展,并力图从知识角度来解释发展的原因。它认为,发展有三种模式:一是开发至今尚未开垦的土地;二是增加物质资本:道路、工厂和电话网络等;三是增加劳动力,并提高其教育和培训水平。中国香港和新加坡几乎没有可耕种的土地,但是,他们在物质资本和对民众的教育方面投入巨大,最大限度地发挥了知识创造财富的神话。以韩国为例,从20世纪60年代开始,韩国就实行以出口增长为导向的产业政策,不同阶段针对不同企业进行保护,鼓励这些企业"边干边学",并使韩国企业对外国基础的依赖程度降低。

实践证明,一个民族一旦有了文化的自觉,就能发挥出无穷无尽的创造力,即使它在地理环境和自然资源方面处在极为不利的位置,即使它在现代化进程中起步比较晚,也能奋起直追,后来居上。新加坡只有448万人口、699平方公里,立国也只有40多年,诚如前新加坡总理李光耀在1966年所说:"新加坡从一个殖民统治下的移民社会,突然成为一个独立自主的新国,缺乏一般国家所具有的共同文化与历史传统……时代不同了,环境改变了,我们必须从头教育人民,重视共同的利益与集体的生存,并力图加以发展。"新加坡既没有矿山森林,也没有广袤的国土,连淡水也非常缺乏,而且隔着狭窄的海峡,在北面和东南面还紧挨着两个在历史上多有冲突的邻国——马来西亚和印度尼西亚。但是,自从它在1965年正式成为独立国家以来,在李光耀和人民行动党的率领下,树立了开放、自强、法治、创造的理念和体制。它的文化理念和行政体制,既吸收了英国文官治理的体制,又吸收了华人社会以家族为核心的伦理传统,极大地发挥了人的创造力和积极性。仅仅30年时间,新加坡就奇迹般地成为"亚洲四小龙”之一,1994 年人均 GDP 达到 18 025 美元,到 2006 年人均 GDP 达 29 475 美元。

该项报告指出,在 1960 年代初,韩国的目标产业包括水泥、化肥和石油精炼;在 1970 年代初,重点转向钢铁和石化工业;1970 年代末,转向船舶、资本货物、耐用消费品及化学工业。近期,电子和其他装配产业受到韩国的重视。由此而带来的结果是: 1955—1991 年间,韩国人均 GDP 增长了 6 倍,实际上在 2000—2010 年期间,韩国经历了多次金融危机的挑战,大力推进产业结构的转型,在经济实力和创新活力方面,又跨上了一个新台阶,成为全球经济增长最快的亚太地区的一个亮点。无论如何,其中一个不可忽略的原因就是韩国大力推动了教育和知识的普及,重视了文化和新兴产业,使得数字化技术有效地服务于全民知识水平的提高,包括大力发展影视、游戏、动漫、数字内容和传播等新兴产业,让创意和技术复合的“韩流”不断扩大在全球的占有率,这些技术和文化的投资使得韩国企业实现了技术升级,缩小了国民的知识差距。

大量调查表明,对发展中国家来说,知识差距与信息问题所涉及的各个方面都应该值得关注。例如,哥斯达黎加由于在传播医疗卫生知识上的机构创新,而使它的医疗卫生指标可与许多发达的工业国家相媲美;在非洲,由于许多大学缺乏一流的教授与最新的材料,于是设立了非洲虚拟大学,目的是通过提供高质量的远程大学教育弥补不足,增加受高等教育的人数,以增加人力资本的投入来求发展;在 1950 年代的印度,牛奶生产难以满足不断增长的需求,一些小贩将大量加水牛奶进入市场,而在消费者无法获得充分信息来区分“真假”牛奶时,信息失灵,导致严重后果。于是,全国奶制品开发署鼓励创建奶制品合作社,并帮助它们确定质量标准、执行标准、监督质量机制等,这一实践使印度成为世界第三大牛奶生产国;为了有效地管理环境,印度尼西亚于 1995 年实施污染控制、评估与评级计划。根据这一计划,每个工厂都可获得一个颜色代表它所代表的等级,如金色代表达到世界级环境保护水平,绿色代表排放量控制大大超过标准等等。通过这一计划的执行,投资者与环境保护监督人都把此作为评估企业的严格依据。在第一批定级的企业中,15 月之内有 30% 的工厂级别迅速上升。

联合国和世界银行的许多文献提出,为缩小知识差距制定一个国家战略是这个国家总体发展战略的一部分,必须从引进国外先进知识技术、创造本国知识、提升人民吸收知识的能力等方面着手。另外,信息问题对一个国家市场经济运转是否良好具有重大影响。政府应该在这方面提供和获取信息、监督和确保信息的准确方面走在前头。

世界银行的报告尚不是一个完整的城市文化统计评估指标,但它提出了一个重要的问题,就是要把文化包括知识的获取、知识的流动、知识的共享,与地区和国家的发展紧密地联系起来,这样做,有利于把城市文化发展与知识经济的背景更加紧密地联系起来。世界银行的报告为把发展摆在首位的发展中国家提供了看问题的视角以及解决问题的参考性方法,具有重要的实践意义。

第六节　波士顿大都会文化指标体系

波士顿大都会文化指标(Cultural Indicator of Boston Metropolitan)事实上可以说是美国"社区营造艺术与文化指标计划"(Art and Culture Indicators in Community Building Project, ACIP)下的成果。ACIP 是 1996 年由洛克菲勒基金会与全国邻里指标协会(The National Neighborhood Indicators Partnership, NNIP)共同推动的计划。其指标的调查范围主要分为四大部分:艺术与文化机会的现况、文化参与、艺术与文化参与的影响,以及支助系统(Systems of support)。

在此背景下,美国波士顿基金会设计提出了波士顿大都会文化指标,形成了一套比较完整的大都会文化发展统计指标。

图表3.5　波士顿大都会文化指标①

目　标	测　量　指　标
1. 波士顿竞争优势的贡献	指标1　波士顿"创意指标"排名与其他主要城市的比较
	指标2　"创意群聚"产业对经济的影响
	指标3　文化部门的基金与其他大都会地区的比较
2. 波士顿作为一个令人兴奋的区域观光目标	指标1　在波士顿,平均每人的非营利艺术组织数
	指标2　参与波士顿文化事件与展览的人数
	指标3　对当地与区域观光业的影响
3. 波士顿艺术组织对社区生活的影响	指标1　波士顿艺术与文化设施的分布,与波士顿儿童的集中化之间的关系
	指标2　邻里、艺术家与游客在波士顿开放工作室(Open Studios)方面的参与程度
4. 文化多样性表现的活力	指标1　文化连续体的线上调查(Online Cultural Continuum Survey)
	指标2　具有人口代表性的文化制度领导能力
	指标3　邻近地区的节庆与庆典
5. 艺术教育的机会	指标1　波士顿公立学校(BPS)的视觉艺术、音乐与戏剧的教师人数
	指标2　学生与年轻人在课外时间参与艺术计划的人数
	指标3　在有视觉与表演艺术文凭学校的学生人数
6. 文化参与的机会与公平性	指标1　文化设施的座位/人口比率
	指标2　波士顿文化机构与展演场所提供免费或折扣门票的情况
	指标3　残障人士得到文化设施的机会渠道
	指标4　关于文化与艺术活动与计划的全面资讯
7. 公共资金与支助对于艺术的作用	指标1　在艺术与文化组织中的义工发展状态
	指标2　专门从事艺术工作的单位
	指标3　联邦、州以及城市提供的艺术基金

① 资料来源于《台北市九十二年文化指标调查》,台北市文化局印行。

“社区营造艺术与文化指标计划”的根本目的是以社区为单位进行研究,从而为决策者提供城市文化发展的信息咨询。为了达到这个目的,ACIP 为研究者、从业人员以及决策者提供大量艺术、文化在社区的存在形态信息,以及艺术、文化如何影响邻里关系与社区气氛。波士顿大都会文化指标作为“社区营造艺术与文化指标计划”中的一部分,也就是把社区的概念扩大到城市的概念,探讨城市艺术、文化指标对整个城市活力的影响。而且,ACIP 所提出的基本前提也同样适应于波士顿大都会文化指标:(a)一个健康的居住地应该给予人们参与艺术、文化和创意表现的机会;(b)艺术、文化与创意表现是社区发展好坏的重要决定因素;(c)没有对艺术、文化等方面的分析是无法充分了解美国的社区的。

以此为前提的波士顿大都会文化指标,在总体框架上肯定了艺术的作用和文化大都市气质构成的固有内容,再进而探讨这些内容表现在哪些方面。其中,文化指标的七个板块都各有其侧重点。

第一个板块,关于波士顿竞争优势的贡献。这项指标包含与其他城市的排名比较,“创意群聚”产业对该城市的经济影响,以及该城市文化部门的基金与其他大都会地区的比较。它更多地从经济角度来表述波士顿已存在的文化发展基础,是艺术、文化发展的硬件条件,也表明了波士顿艺术、文化所具有的影响力、辐射度(如 1999 年,在十个可比较的大都会中,波士顿在每个人对艺术的资助方面排名第二,仅次于纽约)。并且,它以可衡量的排名比较、经济影响与基金数量来体现竞争优势,具有明显的可操作性和可说服性。

第二个板块,区域性的观光目标包含了该城市平均每人的非营利艺术组织数、参观该城市文化事件与展览的人数,以及对该城市与区域性观光业的影响。这些指标从城市文化事件所带来的经济影响来进行评估,反映了现代城市已经不仅仅把文化事件当作某个阶段、某个区域的暂时事件,而是在一系列连贯的事件之后,将对城市的文化消费、文化经营、文化营销产生影响。将城市所拥有的非营利组织数量纳入区域观光目标，也表明了前者对后者的拉动，意味着城市文化部门的增多，是城市文化发展的必然表现。

第三个板块，艺术组织对社区生活的影响。其中包括了城市艺术与文化设施的分布与该城市儿童集中化之间的关系；另外也要注意城市内邻里、艺术家与游客在开放工作室（Open Studio）方面的参与程度。一般来说，城市艺术与文化设施（如博物馆、体育馆、图书馆、电影院等）的集中区域与儿童集中区域之间有交叉情况，它往往与城市居民对文化设施的利用程度和利用频度呈现出正相关的关系。但是，就目前来说，许多大城市的城市文化设施集中在市中心，而儿童则集中在相对较远的位置。另外，艺术家与游客在开放工作室的参与程度则说明了艺术人才在波士顿的分布情况。

第四个板块，文化多样性表现的活力程度。这项指标包括文化连续体的线上调查，具有人口代表性的文化制度领导能力，以及邻近地区的节庆与庆典。文化多样性的表现是体现城市文化发展活力的最好佐证。对于波士顿这样的大都会来说，移民文化、多元文化已经具有比较明显的特征，而如何测量这些正在发展中的多样性文化是波士顿文化指标的一个重要方面。评估结果显示，波士顿通过线上查询（http://www.bostonindicators.org）正式或者非正式的任何文化资源，为文化多样性的展现打开一扇窗，各种文化资源在这个空间里可以得到充分传播，以此成为文化多样性发展指标之一。同时，各种种族、群族参与文化活动的程度也体现了文化多样性在实际层面的进展。另外，邻近地区的节庆或者庆典对城市的经济生活所带来的贡献也将反映这个城市文化的包容性与多样性。

第五个板块，艺术教育的机会。指标主要包括城市内公立学校的视觉艺术、音乐与戏剧的教师人数，以及学生与年轻人在课外时间参与艺术计划的人数，另外还有视觉与表演艺术文凭学校的学生人数。此项指标的设计基于艺术教育对城市文化培养与提高起着不可替代的作用。艺术学校是城市艺术、文化体现的典型实体，代表了城市艺术、文化发展的水平,它影响城市艺术、文化的前景,并对具有艺术追求的人才来说,它具有永久的魅力。

第六个板块,文化参与的机会渠道公平性。它包括文化设施的座位与人口比率,城市内文化机构与展演场所提供免费或折扣门票的状况等。文化参与是一种针对大众化的表述,保证文化参与机会渠道的公平性就在于前面开放文化活动,不仅向"有闲阶级"开放,也向普通大众开放,它是社会福利的一种表现。此项指标的目的就是将这种文化参与性渠道的公平性进行测量,它在一定程度上可看成其他文化指标的一个前提条件。

第七个板块,公共资金与支助对于艺术的支持。此目标在于了解艺术与文化组织中义工发展状态,以及专门从事艺术工作的单位,还有政府单位与城市提供的艺术基金。文化义工主要是指在文化艺术单位如文化中心、图书馆、美术馆、博物馆、纪念馆、演艺厅等部门的担任志愿工作的人,从参与文化活动到参与文化工作,表明了这部分人群的文化认同。艺术基金的来源各有不同,却是激励艺术组织或者艺术家进行创作的有效机制之一。

总的说来,波士顿大都会文化指标的背景是整个波士顿指标项目(Boston Indicators Project,其目的是衡量波士顿在不断变化的环境中的发展情况)的执行,它针对波士顿的情况总结出一套文化指标,对其他大都会地区具有一定的参考意义。但是,也应该看到,它并未形成一个理论与操作相对完善的文化指标系统。

经过仔细分析可以发现:国内外每一个城市文化评估指标体系的提出,背后都有一套理念支持和价值取向,代表了不同地区和城市发展的文化需求趋势。比如佛罗里达设计的 3T 框架和创意指标就是希望分析 1990 年代以后欧洲创新活力落后于美国的根本原因,希望提出发达国家的城市在 21 世纪进一步振作创新活力的具体指标和对策。而香港民政事务局的创意指标 5C 框架,则是要解决香港在 1997 年回归祖国、经历了亚洲金融危机之后,通过产业机构的调整,大力发展创意经济、振作香港经济活力的问题。至于台湾智库所设计的TWCI文化指标,其意图非常明显,是在台湾岛内目前的政治和经济的背景下,竭力突出对台湾本土文化资源的开掘,突出台湾本土文化意识的发扬和传播,以扩大台湾文化的受关注程度。

第七节　上海文明社区测评体系

上海文明社区测评体系,从总体上也是属于文化城市的统计评估指标体系领域的。但是,它集中在城市的基本构成——社区领域,该测评体系是全国首创,不仅在理论上有特色、有创新,还突出了实践上的可操作性;不仅为文明社区、文明小区的长效管理找到了方法和载体,而且具有广泛的应用前景。

上海市自1989年开始文明小区的创建工作以来,小区和社区建设经历了十余年的发展,社区服务网络不断健全,社区管理水平有了明显提高,社区创建工作逐步进入整体创建、系统发展的轨道。在长期的社区文化建设中,一些深层次的问题也逐步暴露。这几年上海市社区管理的工作重心逐步下移,但要将市民的大量问题真正在社区层面解决,又遇到了管理工作的职责与权限的冲突——作为管理者,社区工作者没有管理和执法的权力(或者执法权过小),这就迫切要求尽快理顺条与块的关系。而且,上海市文明社区的工作重心已经不再是一些表层的问题,对这些问题的解决必须通过管理体制的创新来解决。在新的世纪里,上海在创建文明社区方面如何不断创新管理体制,并不断提高创建水平?如何建立和完善一套长效管理制度,使社区管理与建设工作规范化、制度化和科学化?这些都是迫切需要解决的问题。

社区管理体制的创新和重构涉及一个管理效率、管理的可持续性问题,社区管理体制不仅包括行政制度的改革与调整,而且包括公共行政领域;在管理体制改革的背后是社会生活模式的选择与重构,离开了对社会生活模式的理论说明，社区管理体制的改革就会失去正当的理由。但是，在创建文明社区中重构社区管理体制，首先要解决的是这些年来文明社区创建中，遇到的最普遍又是最突出的问题：如何评估文明社区？有没有一套客观的评估与测评标准？

基于上述考虑，上海市精神文明办委托浦东华夏社会发展研究院在评估指标体系的基础上，运用多学科交叉的研究方法，设计研制了适用于全上海《文明社区测评体系》。

《文明社区测评体系》体现了上海市十几年社区建设与管理的经验，是上海市社区工作者、专家学者在指标体系方面的理论与实践的积累。《文明社区测评体系》的形成与应用，将使我们找到一种社区建设与管理的长效机制；将引导上海市文明社区的创建活动在提高质量上下功夫，着眼于减少各种形式主义的活动，减少各类评比考核，减轻政府职能部门与街道的负担，走向全面质量管理；将促进文明社区不满足于已取得的"文明"称号，使建设文明社区成为街道、政府部门及全体市民的一种持续的目标追求，从而使上海市创建文明社区的活动不断跃上新台阶。

（一）构建文明社区（小区）长效管理测评指标体系的原则

构建文明社区（小区）长效管理测评指标体系是一项复杂的系统工程，为了保证测评指标体系的科学性和指导性，它遵循了以下五个原则：

（1）目的性。在文明社区（小区）长效管理测评指标体系中，在确定每一个单项指标时，应该考虑此项指标在整个指标体系中的地位与作用，依据它所反映的某一特定研究对象的性质和特征，确定该指标的名称、涵义和口径范围。应当指出，对文明社区（小区）的测评还不是根本目的，其根本目的在于对文明社区（小区）进行科学管理。就认识社区现象本身而言，有许多指标可供选择，但是要确定哪些指标才能科学地对所研究的社区现象加以反映和分析，则必须充分考虑社区研究和社区管理的不同目的和要求。

(2) 科学性。依据一定的目的设计文明社区(小区)指标,并确定其名称、涵义和口径范围等,即对指标名称的质的规定,在理论上必须有科学根据,在实践上必须可行而有实效,这样才能用来搜集资料并予以量化体现,而后据以做出确定的分析和应用。而对于社区现象的性质和特征的认识,则属于定性认识,由此可见,对社区现象的定量认识要以定性认识为前提和基础。

(3) 系统性。文明社区的关键是人的文明、人的全面发展。人的文明程度的提高牵涉到方方面面,是一个非常复杂的系统,因此在进行指标设计时,要充分考虑关联社会进步的各个相关领域,不能以偏概全。文明社区的指标至少应该包括人口、居住水平、社区环境、社区安全、社区风尚、社会保障、生活质量等方面。系统性还意味着参与文明社区、文明社区活动人群的广泛性,社区资源共享的普遍性。这样,才能使文明小区、文明社区成为人的全面发展的良好氛围。

(4) 可操作性。指标体系的构建必须立足于现有文明社区(小区)建设基础,充分开发和利用现有的文明社区建设资源;每个指标的设计既要定性,也要定量,有客观的评价标准;指标的选择、指标体系的构建,既要依据研究目的,又要便于具体操作和分析。

(5) 前瞻性。文明社区(小区)测评指标不仅要反映社区(小区)建设与发展的现实,也应该反映出社区(小区)未来发展变化的趋势。要在科学预测文明社区(小区)发展趋势的基础上,充分考虑各方面指标的超前性,使构建的指标体系能较好地反映未来几年文明社区(小区)发展的态势,具有较长实践的适用性。特别是今后的几年,上海的人均 GDP 正向 15 000 美元迈进,根据国外发展经验,这段时期是社会生活急剧变动的时期。因此,文明社区(小区)测评指标体系充分考虑到这一点,使文明社区、文明小区的创建和管理找到新的奋斗目标。

(二)《文明社区测评体系》基本框架

在此原则的指导下,《文明社区测评体系》形成了一个有机的系

统,缺一不可,如下表①:

- 文明社区
  - 社区环境
    - 公共环境
    - 居住环境
    - 环境质量
    - 环境管理
  - 社区秩序
    - 社区治安　综合治理
    - 安全小区
    - 法制教育
  - 社区组织
    - 组织管理机构
    - 外来人口管理
  - 社区共建
    - 社区资源共享
    - 组织与制度
    - 共建活动

- 文明社区
  - 社区服务
    - 社区服务设施
    - 社区服务组织
    - 民政福利服务
  - 社区教育
    - 教育设施
    - 各类社区教育
  - 社区文化
    - 公共文化活动
    - 科学知识普及
    - 文化服务质量
  - 社区风尚
    - 宣传教育
    - 公益活动
    - 文明家庭　文明楼组
    - 社区道德风尚

(三)《文明社区测评体系》的三大特点

长期以来,社会科学一直都在为自己的"科学性"辩护。但社会科学的"科学性"不能仅仅表现为理论上和逻辑上的完备,也不能仅仅停留在理论性的文字之上;那些与社会实际生活有关的社会科学理论应

① 资料来源于《探索·研究·创新——上海市文明社区测评体系》,上海精神文明建设委员会办公室。

该走出书斋,尽量使之具有可操作性。《文明社区测评体系》正是在社会科学的科学化、社会化上走出了一大步,才具有现在这样强大的理论覆盖面、解释力和可接受度。

从表面看,《文明社区测评体系》只是一套应用性的指标体系,似乎没有什么理论可言;但我们不能因为它是一套操作性的东西就否认它所蕴藏的理论价值。相反,这一测评体系不仅是对以往社区工作成功经验的总结,而且是一种创造。它成功地糅合了多种指标体系,并创造性地将这些指标体系移植到社区管理与测评工作之中,从而使文明社区理论从定性研究走向了定量研究。最终使文明社区的创建管理工作向科学化、规范化、制度化迈出了一大步。《文明社区测评体系》有三大特点:

(1) 根据事物的质量辩证关系,科学地界定文明社区的内涵。

《文明社区测评体系》创造性地把整体指标体系分解为“基本”、“差异”、“动态”、“特色”四类指标,既从基本内涵上界定了文明社区的面貌,又从时态与地域的角度确定了文明社区的内在规定性;既有普遍规定性,又有个性和特色规定性。基本指标是指各类文明社区和文明小区,不管其历史状况及现实条件如何,都必须达到的指标。根据上海市文明社区、文明小区的不同类型,依据各社区和小区的软件、硬件条件不同,把上海市文明社区和文明小区分为 A、B、C 三类,以不同的标准对它们分别进行测评,这就是差异指标。动态指标主要是从时间向度上对文明社区的建设和管理水平进行测评,其意旨是指导上海市文明社区走向长效管理和可持续发展的道路。特色指标考察的是各文明社区和文明小区的特长和优势,鼓励社区和小区的创造与个性发展。

在把整体指标分成四类的同时,《上海市文明社区测评体系》还把其中的基本指标分解成三个级别:一级指标 8 类,每一类又分解为数目不等的二类指标;二级指标共有 24 个,二级指标又可以再分解为三级指标;三级指标共有 52 个。三个级别的指标构成一个具有严密逻辑关系的整体，从而把文明社区这一抽象名称具体化为一些可测量的项目。通过这样的层层分解，文明社区成为有具体规定之物，它不仅有质的规定性，同时也有量的规定性。

该测评体系不仅是对“社区”这一地域性概念进行了规定，还分析了各职能部门在社区中应承担的职责，为每一个指标确定了相关的责任主体。循此思路继续下去，可以发展出有关社区管理体制问题的新理论、新观念，就此而言，《上海市文明社区测评体系》承载了新的社区管理理论。也可以反过来说，《上海市文明社区测评体系》是在一种全新的社区管理理论指导下构建出来的。正如指标体系的设计者所明确指出的：“社区指标体系即是由社区理论转化为社区实际应用的最重要的一种契合点……任何一个社区指标都是一个概念或一种理论的数量化表现……任何一种社区指标体系的编制和确立，都是一个社区变迁的目标体系，或者说是一种理想的社区进步模式。”①具有这种品性的指标体系应该是一种更高层次的理论，而不应仅仅被理解为一套操作性的东西。

（2）指标体系的科学构建方法。

鉴于研究对象的复杂性，《文明社区测评体系》课题组在开放的社会学体系下进行了多学科交叉研究，不仅注意了与哲学、经济学、文化、教育等学科的交叉，而且综合运用了数学模型和计算机信息技术等科技手段。指标项的选择是多门社会科学综合研究的结果，这自不待言；对指标项的分类与整合则使用了数学模型与经验方法相结合的手段；而测评体系的最终使用形式则是计算机软件的形式。从这个角度看，《文明社区测评体系》是多学科交叉研究的一次成功尝试。

为了高质量地完成课题，《文明社区测评体系》课题组参照了大量的相关指标体系，通过创造性劳动，把它们成功地糅合成一个适用于

① 资料来源于《探索·研究·创新——上海市文明社区测评体系》，上海精神文明建设委员会办公室。

上海市文明社区的测评体系。课题组主要参考了瑞士洛桑管理学院与世界经济论坛的国际竞争力指标体系、联合国附属机构——全球城市瞭望台使用的城市指标体系，以及国际标准化组织的“企业质量认证”指标体系。其中的ISO9000、ISO9004、ISO14000，对测评指标体系的四类指标的形成具有直接的启发作用。

为了使所设计的指标体系符合上海市文明社区的建设实际，课题组在深入研究国内外社区理论的基础上，深入到上海社区和政府有关职能部门，运用座谈与问卷调查、实证分析、动态跟踪、分析与综合、定性与定量、现状与预测等手段，构建上海市文明社区（小区）测评指标体系。

图3.5　上海的文明社区建设，为国际化大都市增添了光彩。

此外,《文明社区测评体系》还移植了工程科学中的概念与做法,对指标进行初试和中试两次试运行。经过这样带有试验性质的尝试,既完善了指标体系本身,又促进了社区工作的提高——这也是一种社会科学的实验,其"实验室"就在社会。

(3) 系统性、可行性、前瞻性和开放性的理论品性。

《文明社区测评体系》的系统性首先表现在,测评体系充分考虑到了社区系统的复杂性,因此在设计时注意了关联社会进步的各个方面,指标体系涵盖了人口、居住水平、社区环境、社区安全、社区风尚、社会保障、生活质量等与社区生活有关的方方面面,并使之构成了一个互相联系的整体。其次,测评体系还综合运用材料审核、问卷调查和实地考察的方式对社区整体状况进行考察;测评时,既根据每一个具体指标的考察结果,又参照其相关指标,在指标与指标的平衡关系中确定每一个具体指标的得分情况。

指标体系中的每一个指标既是定性的又是定量的,既是理论研究的结果又与上海市社区建设的实际相吻合,具有可操作性。一方面,《文明社区测评体系》与以前的文明社区考核方法保持了一定的连续性,这使得社区的一线工作人员不需要经过长时间的培训就可以迅速地理解和掌握;另一方面,《文明社区测评体系》充分考虑到了实际可用性,对每条指标只设定了四个等级,每条指标的等级确定以后,被测评社区的总分也就确定了,这样一来,指标的评分工作就大大简化了。该指标体系还有一个非常突出的特点,它利用了先进的软件技术。在测评时,测评人员只需将测评的状况输入计算机,软件就会自动把测评结果计算出来。该软件可以统计所发放的问卷,可以分类统计测评结果,可以查询测评结果的每一个细节,可以分析被测评社区的优缺点。软件技术的运用不仅有利于简化工作,还有利于对不同社区的工作进行分析和比较。

测评体系不仅反映了社区(小区)建设与发展现状,也反映了社区(小区)未来发展变化的趋势,具有前瞻性。不仅指标数值的选择有一定的超前性，而且由于指标体系包含了每一条指标相对应的责任主体，这使得社区测评结果对社区管理体制的改革有一定的导向作用——责任主体的明确有利于新的社区协调机制的形成。

该测评体系是理论与实践相结合的产物，同样也可以随着理论和实践的发展与发展，根据社区建设与管理的实际情况，在现有基础上不断地修改和更新。

（四）《文明社区测评体系》的应用前景

从《文明社区测评体系》所具有的功能、中试及培训情况来看，《文明社区测评体系》具有广泛的应用前景。从《文明社区测评体系》的功能来看：(1) 它能在整体上反映上海市文明社区（小区）的各种社会现象，反映上海社区的物质文明和精神文明建设的关系；(2) 能监测上海文明社区（小区）的发展过程，监测和揭示上海在创建文明社区过程中的各种矛盾和问题；(3) 能衡量比较上海各社区（小区）创建文明社区（小区）的情况，对文明社区进行地区对比、历史对比乃至国际对比，从中鉴别先进和落后，找出差距；(4) 能预测和规划上海文明社区（小区）的发展，为制订上海社区发展规划提供根据。正因为《文明社区测评体系》具有上述功能，所以它能较快地进入文明社区创建的实践，成为对上海文明社区进行综合测评的指导。

《文明社区测评体系》先后三次在上海 55 个社区、6 个小区进行了中试。中试结果表明：(1) 被测评的文明社区工作者一致反映，作为国际特大型城市的文明社区，必须要有科学的手段和方法来指导和规范文明社区的创建，《文明社区测评体系》是我们进行长效管理的科学工具；(2)《文明社区测评体系》避免了少数人来评估、监测文明社区的做法，为我们提供了一种客观、公正的评估标准；(3)《文明社区测评体系》不仅能根据不同的社区类型进行分类指导，而且又鼓励大家争创特色。不仅有责任主体，避免扯皮现象，协调条块矛盾，而且注重文明社区品质提高、质量的管理；(4)《文明社区测评体系》还通过整改意见给文明社区的创建提出具体的指导性意见，具有很强的可操作性与指导性。

再从《文明社区测评体系》的培训来看，从 2001 年开始，《文明社区测评体系》课题组先后举办了约 20 期培训班，有近千位文明社区与文明小区的干部参加培训。参加培训的同志经过学习与上机操作，普遍掌握了测评指标的要求，并能运用应用软件对自己社区或小区的创建与管理情况进行测评。尤其是一些年纪大、文化水平低的居委会干部，经过 3 个小时的上机操作，很快掌握了测评技术。

总体来说，《文明社区测评体系》项目的完成，具有标志性的意义。它体现了文明社区创建理论上的三个转折：(1) 从单纯的文明社区创建到追求全面的文明程度提高，对社区文明建设的评价更准确、更公正；(2) 文明社区建设从知性阶段到理性阶段，文明社区（小区）真正有了完善、客观的评价标准，这不仅体现了社区长效管理水平的提高，也是我国社区理论的发展；(3)《文明社区测评体系》的完成，蕴含了新的社区管理体制的目标取向，将加快社区从行政管理到自治管理的发展与转化。

第四章
文化城市指标的基本理念

第一节　包容多类型的文化城市

跨入21世纪以来，与伦敦、东京、新加坡等许多国际化大城市制订和实施文化规划相呼应，中国的大中城市也形成了一股文化建设的空前热潮。从北京、上海等特大型中心城市，到苏州、深圳等迅速崛起的明星城市，再到成都等历史悠久、发展迅速的西部城市，可以说文化建设进入了一个前所未有的高潮时期，出现了一批以文化为标识，而在国内外产生广泛影响，并且使文化对于经济、社会和生态发展，起到良好推动作用的一批重点城市。

中国的现代化进程，受到人均资源占有量不高的严峻挑战。2009年，中国人均耕地面积为1.4亩，仅为世界平均水平的40%，中国人均水资源仅为世界平均水平的四分之一，在世界各国人均水资源排名中列第88位。中国的人均森林面积列世界第119位，中国森林总蓄积量为97.8亿立方米，仅仅占世界森林总蓄积量的2.5%，其他如石油等重要资源的人均占有量都低于发达国家。这就决定了中国的发展，不可能以高能耗、高污染、大量占用土地和低附加值的粗放生产方式，作为长久之计，必须探索多种形式的低能耗、低污染、占地少和附加值高的精细生产方式。

中国城市的文化发展包括文化事业和文化产业两个方面。所谓文化生产力主要依赖人的智力、创意和知识，是一种以知识产权的开发和保护为核心的现代生产力。更何况中国又是一个国土辽阔、历史悠久、民族众多的大国，如果从文化生产力的意义上把这些文化资源开发出来，将是一笔极为巨大的财富。大量事实说明：城市文化的生产力作用，不仅仅是增加国民收入，而且带动了大批群众参与服务业，让他们在内容积极、管理科学的产业活动中，提高素质，增长才干，这恰恰是文化生产力独特的人文价值、财富意义和社会贡献。有鉴于此，近年来中国城市文化建设创造的经验和成果，在多元化和实践的丰富性方面，大大超越了过去对于城市文化的一般认识。

第二节　文化古城的传承

享有“上有天堂，下有苏杭”之美誉的苏州市位于江苏省东南部的长江三角洲平原，东靠上海，南界浙江，西濒太湖，北临长江，自古以来就是文人墨客来往流连之地，是我国有名的“江南水乡”。丰富的文化底蕴没有使古城苏州在现代失去活力，恰恰相反，苏州已经成为以高新技术产业为主导的现代制造业基地，产学研紧密联合、各类人才聚集的技术创新基地，科技含量高、外向度高、经济效益好的现代农业基地，融人文景观与自然风光为一体、生态环境优美的旅游度假基地。良好的经济基础唤起了文化建设的强烈需求，苏州市“十一五”文化发展规划中明确提出了打造“文化苏州”品牌，应该指出，这是对苏州古老文化的传承，也是适应新时期文化发展的规律，整合苏州现有文化资源，建设新型文化城市的需要。落实到实际操作中，关键的一步就是对“文化苏州”的特色把握，我们从以下几个方面来分析苏州文化的精髓：

（一）悠久独特的历史

1984年，苏州太湖三山岛考古发掘、出土了一大批哺乳动物化石，有熊猫、斑鹿、棕熊、鬣狗等20多种动物。它不仅丰富了人们对苏南地区更新纪哺乳动物的认识，还为太湖发育史的研究增加了材料。1985 年，又在三山岛考古发掘出土上万件旧石器，经鉴定三山岛为旧石器时代遗址，被称为“三山文化”，这是长江下游地区首次发现旧石器时代的遗址，它向人们证明了古为吴地的苏州，不仅是太湖平原和整个长江三角洲的中心，而且是中华文明的发祥地之一。

据《尚书》中的《禹贡》篇记载，大禹曾在苏州地区治理太湖水患，并划分天下为九州，苏州属古扬州。春秋时期，吴王阖闾元年（公元前 514 年），建新都，命楚国叛将伍子胥“相土尝水”、“象天法地”，建成阖闾大城，至今，史学界很多人士认为阖闾大城就是苏州古城。其规模位置迄今基本未变，为世界罕见。历史学家顾颉刚认为苏州是中国现存最古老的城市。吴国又重用孙武，训练出一支强悍的军队，西征击败楚国，攻破其都城郢（今湖北荆州附近），又北上击败齐国，称霸中原。

秦王嬴政二十五年（公元前 222 年），派大将王翦灭楚国，降越君，尽得吴、越故地，乃置会稽郡，领县二十六，吴县（今苏州市区）为治所和首邑。王莽改制，将吴县改名“泰德”，以“泰伯让国之德”而得名，仍为会稽郡治所。东汉复称吴县，起初仍为会稽郡治所，后为吴郡治所。汉献帝建安元年（196 年），孙策攻克吴郡郡城吴县，将其作为政权的统治中心。此后一直到 212 年，苏州一直是江东孙氏政权的首都。

隋文帝开皇九年（589 年），隋灭陈，统一中国，废吴郡，改吴州为苏州。隋炀帝开通大运河，苏州位于重要的商路上，成为运河沿岸四大都会（楚州、扬州、苏州、杭州）之一。至唐代，苏州日趋繁华，由区域性经济文化中心上升为全国性经济文化中心，已经超越了繁荣一时的扬州，发达程度仅次于都城长安，先后有韦应物、白居易和刘禹锡三位着名诗人担任刺史（苏州地方最高长官），被誉为“诗人三刺史”。

宋朝在苏州置平江府。当时苏州已经是重要的工商业都会，特别以丝绸著称。1035 年，范仲淹建立文庙、创办府学，此后，苏州长期文风鼎盛，历代文人雅士辈出。而在南宋时，平江府（苏州）是金国使臣、商贩等去宋国都城临安府（杭州）的必经之地，建有全国最大的驿馆——姑苏驿。南宋时的苏州商业发展虽然略逊于都城杭州，但农业发展则远胜之，史称“苏湖熟，天下足”或“苏常熟，天下足”。

明、清两代，苏州经历了一段更加繁荣的时期。苏州府向中央政府缴纳的粮、税占到全国的十分之一。苏州的地价水平也高居全国之首。由于工商业的发展，中心城市集聚大量人口，估计在50万到100多万，城市街区沿几条主要通航河道向外呈放射状延伸，最远处距离城门（阊门）已经超过10华里。所谓“苏州以市肆胜”。明代苏州的浒墅关在全国八个主要钞关中税收额名列第二。清代苏州更名列天下“四聚”（北则京师、南则佛山、东则苏州，西则汉口，全国四大商业中心）之一，又称“繁而不华汉川口，华而不繁广陵阜，人间都会最繁华，除是京师吴下有”。苏州事实上已为东南最发达的都会，被视为步都城北京之后的全国第二大城市，实际其繁荣程度已经位居全国之首，成为名副其实的全国经济中心。明清时期的苏州是东半球最大的工商业城市，是中国的经济中心，也是文化中心之一，在世界上的地位相当于今日之纽约。并且在苏州周围开始出现城市化趋势，出现了大量规模可以与府城、县城匹敌的卫星市镇，与不断向外扩张的苏州城构成了苏州都市圈。这时的苏州号称“海内繁华、江南佳丽之地”，素有评语：“商贾辐辏，百货齐聚，上自北京，下至两广，远及重洋，贸易之盛甲于天下。”它对浙、闽、粤、皖、鄂、湘、鲁乃至东北地区都有相当吸引力。它不仅是江南地区的经济文化中心城市，而且是人口密集的商业大都会和对外贸易的重要口岸。由于消费人口集中，城外枫桥形成全国最大的粮食交易市场，粮食供应来自长江中游的江西、湖广，一部分通过海路转销浙江、福建。苏州的外港，在明朝是太仓州的刘家港（今苏州太仓浏河，通过娄江联系苏州），在清朝则是松江府的上海港（通过吴淞江、苏州河联系）。

由此可见，翻开苏州历史，就宛如阅读一部中国古城记录史，它的发祥与兴盛体现着中国历史的兴衰与发展。它所承载的历史文化,具有不可复制的独特魅力。它既意味着吴文化的源远流长,也体现中华文明的灿烂辉煌,又体现着融入经济全球化和参与知识经济竞争的重大战略。因此,苏州要塑造涵义更加丰富,内容更加全面,定位更加精准的"文化苏州"品牌,基本起点还是苏州作为历史文化名城的历史渊源,其悠久独特的历史将成为"文化苏州"取之不尽的精神来源。

(二) 世界文化的遗产

苏州素来以山水秀丽、园林典雅而闻名天下,有"江南园林甲天下,苏州园林甲江南"的美称。根据记载,苏州城内有大小园林将近200处。苏州园林是文化意蕴深厚的"文人写意山水园",它的建筑美、意境美、神韵美不仅仅体现了中国艺术文化精神,而且展现了人类精神文化物化之美。1997年12月,联合国教科文组织根据文化遗产遴选标准,对苏州园林进行了考察评估,狮子林、拙政园、留园和网师园被列入《世界遗产名录》。在这份名录中,世界遗产委员会这样评价苏州园林:"没有哪些园林比历史名城苏州的四大园林更能体现出中国古典园林设计的理想品质。咫尺之内再造乾坤,苏州园林被公认是实现这一设计思想的典范。这些建造于16—18世纪的园林,以其精雕细琢的设计,折射出中国文化取法自然而又超越自然的深邃意境。"随后,2000年12月1日联合国教科文组织在澳大利亚凯恩斯市召开的第二十四届世界遗产委员会上,沧浪亭、艺圃、耦园和退思园等五家古典园林在不同历史阶段,受到各个时期政治、文化、经济的影响,呈现出自身的多重价值,是中国古典园林中不可多得的珍品,被增补列入《世界遗产名录》。

苏州古典园林历史悠久,可上溯至公元前6世纪春秋时吴王的苑囿,私家园林最早见于记载的是东晋(4世纪)的辟疆园。历代造园兴盛,名园日多。明清时期,苏州成为中国最繁华的地区,私家园林遍布古城内外。16—18世纪全盛时期,苏州园林达200余处,并因此使苏州素有“人间天堂”的美誉。作为苏州古典园林典型例证的拙政园、留园、网师园和环秀山庄，产生于苏州私家园林发展的鼎盛时期，以其意境深远、构筑精致、艺术高雅、文化内涵丰富而成为苏州众多古典园林的典范和代表。

苏州古典园林具有深刻的文化遗产价值，首先表现在它蕴含了中国古典写意山水艺术思想。中国的造园艺术与文学和绘画艺术具有深远的历史渊源，特别受到唐宋文人写意山水画的影响，是文人写意山水模拟的典范。中国园林在其发展过程中，形成了包括皇家园林和私家园林在内的两大系列，前者集中在北京一带，后者则以苏州为代表。由于政治、经济、文化地位和自然、地理条件的差异，两者在规模、布局、体量、风格、色彩等方面有明显差别，皇家园林以宏大、严整、堂皇、浓丽称胜，而苏州园林则以小巧、自由、精致、淡雅、写意见长。由于后者更注意文化和艺术的和谐统一，因而发展到晚期的皇家园林，在意境、创作思想、建筑技巧、人文内容上，也大量地汲取了私家花园的“写意”手法。

其次，文化价值还表现在它的实用性上，即提供了完美的居住环境。苏州古典园林宅园合一，可赏，可游，可居，这种建筑形态的形成，是在人口密集和缺乏自然风光的城市中，人类依恋自然，追求与自然和谐相处，美化和完善自身居住环境的一种创造。拙政园、留园、网师园、环秀山庄这四座古典园林，建筑类型齐全，保存完整，系统而全面地展示了苏州古典园林建筑的布局、结构、造型、风格、色彩，以及装修、家具、陈设等各个方面内容，是明清时期江南民间建筑的代表作品，反映了这一时期中国江南地区高度的居住文明，曾影响到整个江南城市的建筑格调，带动民间建筑的设计、构思、布局、审美以及施工技术向其靠拢，体现了当时城市建设科学技术水平和艺术成就。

再者，苏州古典园林还具有丰富的社会文化内涵，其重要特色之一，是它不仅是历史文化的产物，同时也是中国传统思想文化的载体。表现在园林厅堂的命名、匾额、楹联、书条石、雕刻、装饰，以及花木寓意、叠石寄情等，不仅是点缀园林的精美艺术品，同时储存了大量的历史、文化、思想和科学信息，物质内容和精神内容都极其深广。其中有反映和传播儒、释、道等各家哲学观念、思想流派的；有宣扬人生哲理，陶冶高尚情操的；还有借助古典诗词文学，对园景进行点缀、生发、渲染，使人于栖息游赏中，化景物为情思，产生意境美，获得精神满足的。而园中汇集保存完好的中国历代书法名家手迹，又是珍贵的艺术品，具有极高的文物价值。另外，苏州古典园林作为宅园合一的第宅园林，其建筑规制又反映了中国古代江南民间起居休憩的生活方式和礼仪习俗，是了解和研究古代中国江南民俗的实物资料。

（三）传承中更新发展

改革开放以来，苏州发展迅速，成为长江三角洲重要的经济中心之一，多年来连续名列中国城市综合竞争力十强之内。外向型经济成为苏州经济的重要支柱。2010 年苏州市地区生产总值 9 000 亿元，按可比价计算比上年增长 13%。全市实现地方一般预算收入 900. 6 亿元，比上年增长 20. 9%，其中税收收入增长 21. 4%。苏州经济总量排在全国各大中城市名列前茅，其经济成果显示了多方面因素的综合成效。就产业发展来说，高新技术产业已成为引领苏州经济发展进程的主导产业。苏州市实现高新技术产业产值 9 007. 89 亿元，比上年增长 27. 2%，高新技术产业产值占规模以上工业总产值的比重达 36. 6%。新兴产业发展势头强劲。新型平板显示、新材料、智能电网和互联网、高端装备制造、节能环保、新能源、生物技术和新医药等制造业新兴产业实现工业产值 7 100. 56 亿元，比上年增长 29%，高于规模以上工业总产值平均增速 6. 7 个百分点，占全市规模以上工业总产值的比重达 28. 9%。

经济和科技的蓬勃发展促进了文化、创意产业的发展。从“苏州制造”到“苏州创造”是一个必经之路。苏州创意产业园的建设就是苏州迈向“创意城市”最有分量的一个举措，它将对苏州创意产业格局

图 4.1 千年古城苏州把传承文脉与创意创造结合起来。

产生重大影响。创意产业园是苏州工业园区国际科技园的第五期工程,位于苏州工业园区独墅湖高等教育区南侧,总占地面积近 47 公顷,总投资约 10 亿元,整个园区计划三年内建设完成。苏州创意产业园立足软件开发、动漫游戏和集成电路设计等现有特色产业,大力引进、培育和扶持艺术、传媒、广告、时尚设计、数码娱乐及工业设计等现代创意产业,已逐渐成为苏州市乃至整个长三角地区重要的软件工厂、创意设计车间、动漫制作加工等创意聚集的基地和自主创新载体。

把苏州建设成为全国一流的国际化动漫产业基地,也是新时代苏州文化产业发展的重要方向。2005 年 5 月 27 日,动漫产业园被国家广电总局正式批准为“国家动画产业基地”。伴随着基地的成立,园区动漫产业得到了快速发展,2005 年收获颇丰,不仅集聚企业达到了近 20 家动漫企业,且产值快速增长。苏州的其他文化产业也逐步形成高涨之势。2008 年,苏州全市文化产业企业 8 167 家,从业人数 21.45 万人,实现营业收入 964 亿元,文化产业增加值约 200 亿元,占地区生产总值的 3% 左右。

第三节 历史名城的活力

(一) 古蜀文明的渊源

成都是我国西南开发最早的地区,是历史文化名城。从有确切记载算起。成都已有 2300 多年的历史。

早在公元前 4 世纪,蜀国开明王迁蜀都城至成都,取周王迁岐“一年成邑,二年成都”,因名成都,相沿至今。

秦汉时期,成都经济文化发达。公元前 316 年,秦国吞并巴蜀。公元前 311 年,秦人按咸阳建制修筑城垣。公元前 106 年汉武帝在全国设十三州刺史部,在成都置益州刺史部,分管巴、蜀、广汉、犍为四郡。秦末、汉初成都取代中原而称“天府”。西汉末年,公孙述称帝,定成都为“成家”。东汉末年,刘焉做“益州牧”以成都作为州、郡、县治地。西汉时期,成都的织锦业已十分发达,设有“锦官”,故有“锦官城”,即“锦城”之称;其他手工业如缫丝、织绸、煮盐、冶铁、兵器、金银器、漆器等手工业也很发达。秦汉成都的商业发达,秦时成都即已成为全国大都市,西汉时成都人口达到 7.6 万户,近 40 万人,成为全国六大都市(长安、洛阳、邯郸、临淄、宛、成都)之一,“少城”为成都商业最发达的城区,那里商品堆积如山,商店、货摊鳞次栉比。此外,汉代成都的文学艺术也达到很高的水平,司马相如、扬雄、王褒是为时全国最有名的学家,成都出土的汉代画像砖和画像石,绘画精美,内容广泛。

隋唐时期，成都经济发达，文化繁荣，佛教盛行。成都成为全国四大名城（长安、扬州、成都、敦煌）之第三位，农业、丝绸业、手工业、商业发达，造纸、印刷术发展很快，经济地位有所谓“扬一益二”（扬州第一，成都第二）。“蜀绣”为全国三大名绣之一，“蜀锦”被视为上贡珍品，产量全国第一。成都是中国雕版印刷术的发源地之一，唐代后期，大部分印刷品出自成都。成都除了有全国重要的菜市、蚕市外，还有“草市”，即分布在邻近地区的乡镇集市。唐代成都文学家云集，大诗人李白、杜甫、王勃、卢照邻、高适、岑参、薛涛、李商隐、雍陶等短期旅居成都。唐代成都开发了摩诃池、百花潭等旅游胜地，贞观年间在城北修建了建元寺，大中年间改名为昭觉寺，称“川西第一丛林”。

宋元时期，成都经济文化更加发达。丝绸业规模扩大，品种增多，蜀锦花样由唐时的 10 多种发展到宋元时期的 40 多种，能织出天马、流水飞鱼、百花孔雀、如意牡丹等新花样，每年成都上交丝绸商品，占全国各地上交总数的 70% 以上。成都造纸水平很高，唐朝廷曾规定，国家图书馆的书必须用成都造的麻纸来抄写。唐宋之时，成都城东西南北都设有专门的蚕市、药市、花市灯会。由于商业发达，成都出现了世界上最早的纸币“交子”。北宋仁宗时，在益州（即成都）设官办交子业务，由官府公开印刷，发行“交子”。

宋元以后，成都为四川乃至整个西南地区的政治、经济、军事、文化中心。明在四川设立布政使司，治成都。公元 1654 年，清顺治帝将四川布政使司改为四川省，四川省名在历史上正式出现。辛亥革命后的 1914 年，北京政府通令废除成都府设治所，改称西川道，领成都、华阳等 31 县。1921 年，成都、华阳两县合并为市，成立市政筹备处，处以下设总处、文牍、法治、会计、调查、庶务六科。1922 年，市政筹备处改名为市政公所。1928 年，设市政公所为市政府，国民政府置成都市为省辖市和四川省省会。1949 年 12 月 27 日，成都解放，始为川西行署所在地。1952 年，撤销行署，恢复四川省建制，成都市一直为四川省省会。1989 年 2 月，经国务院批准，成都市的经济和社会发展计划在国家计划中实行单列，享有省一级经济管理权限，成为全国 14 个计划单列城市之一。

生活在成都这片土地上，成都人向以其勤劳智慧和富于创造的传统，从祖先的足迹到今人的步伐，在经济、科技、人文诸方面创造了无数的西蜀第一、中国第一、世界第一，铸就了这座文化名城的恒久魅力和迷人风采。

应该指出，任何一座城市的发展，都是从既有的资源出发的。成都的资源优势，不能仅仅局限在成都 12 000 平方公里的土地上，还要

图 4.2　成都人杰地灵，文化昌盛，显示了大量充满魅力的创造成果。

从整个四川乃至巴蜀文明地域的范围来看。作为四川省的省会,成都具有辐射全省、统领天府、覆盖巴蜀的独特优势。四川历史悠久,人杰地灵,具有极为丰富的地区性文化资源。这对于成都市文化内容的开发、综合服务、制造和营销等项目,都有不可替代的资源优势。具体来说,它包括七大文化资源:

图表 4.1　成都市的主要文化资源

历史地理资源	四川是巴蜀文化的故乡,而成都是巴蜀文化最集中的地区之一。它是在人文和地理的双重特殊性基础上形成的。四川从高原、山地、峡谷到盆地、丘陵、平原,从江河湖泊到温泉瀑布,从岩溶地区到丹霞地貌,一应俱全,素有"地质长廊、风景大省"、"除了大海,地貌俱全"的美称,形成了许多神秘、险峻的旷世奇观,孕育了巴蜀文化丰富悠久的宝库。在距今4500年左右,成都平原就已经产生了作为蜀文化源头的"宝墩文化"。三星堆文化和金沙文化是古蜀文明鼎盛时期的代表。源远流长的四川历史地理资源,包括民风民俗资源、自然生态资源、文物古迹资源等。
珍稀动植物资源	四川是一个极为丰富的动植物宝库。包括大熊猫、金丝猴等,都是全国和世界著名的珍稀动物,并且还有四川西部的碧峰峡等多个保留原生态的著名森林公园。以成都的大熊猫生态公园为例,从1987年开始,经过三期扩建已经发展到了1 600多亩,是全国建立最早、国内外影响最大、圈养大熊猫最多、开展繁育和科研工作最成功的大熊猫生态公园。
文化名城资源	成都市有重点文物保护单位119处:国家级17处、省级30处、市级72处;5座历史文化名城:国家级2座、省级3座;县级文物保护单位300处,文物建筑22处,省级历史文化名城、名镇4座,各类博物馆23座,馆藏文物24.5万余件。近年来先后发掘的水井街酒坊遗址、船棺遗址和金沙遗址,引起了国内外考古界、学术界的极大反响,分别被评为1999年、2000年、2001年"全国十大考古发现"。金沙遗址被誉为"21世纪中国第一个重大的考古发现"。
特产民俗资源	在漫长的历史岁月中,天府之国的子民们,发挥了聪明和才智,在四川境内创造了30多项"世界第一"的纪录:世界最早的雕版印刷术、世界最早的纸币——交子、世界最早的漆器生产中心、世界上最长的古索桥——都江堰古索桥等。还包括成都花会、黄龙寺庙会、广元女儿节、峨眉山朝山会、南充丝绸节、阿坝草原赛马会、都江堰放水节等。

续　表

红色传统资源	四川人民具有悠久的革命传统，在中国近代史上，从辛亥革命开始，四川就孕育了革命的火种。中国共产党人建立的川陕革命根据地等，使星星之火成为燎原之势。而中国工农红军长征经过的金沙江、泸定桥、大渡河、大雪山、草地、大小金川、百丈关、百丈湖、甘孜、阿坝、炉霍、红原、剑阁等，留下了无数先烈的故事和动人的传说。
现代产业资源	四川是中国重要的航天工业基地、航空工业基地、核武器研制基地、采矿冶炼基地、家电产业基地、软件产业基地。四川是全国计算机及软件人才最集中的地区之一，近年来，以成都为中心，电子科技大学、西南交通大学和四川大学等 20 多所高等院校已形成强大的软件人才培养能力；全省已建起西部软件园、鼎天科技园、银海信息产业园和四川信息产业园四大园区。与此同时，成都市的文化产业也获得了快速的发展。特别是休闲旅游产业、数码娱乐产业、出版印刷产业、会展产业更是生机勃勃。
历代名人资源	四川的文脉精华，集中体现在一大批历代的政治、经济、文化名人。他们是天府之国智慧、品格、容貌、创造力的化身，以人格化的力量给后代以深远的影响。中国改革开放的总设计师邓小平、中国人民解放军的创始人朱德、刘伯承等将领皆出自四川。

（二）富有特色的形态

在古代，成都被誉为是“水旱从人，不知饥馑”的“天府之国”；在现代，成都又被称为“来了就不想走的城市”。优越的地理环境和 3000 年的古蜀文明，为成都积淀下了极为丰富的高品质休闲资源，它与独特的城市气质结合在一起，形成了成都最富于特色的产业形态，“休闲之都”由此而来。

成都人的休闲意识可以称得上是源远流长。《隋书·地理志》说：其人“多溺于逸乐”。《宋史·地理志》也说：“其所获多为邀游之费，踏青药市之集尤盛。”元人费著在《岁华纪丽谱》中也说：“成都游赏之盛甲于西蜀，盖地大物繁而俗好娱乐” 从“天下茶馆数成都”到成都被命名为“农家乐发源地”，以及不完全统计的每年 20 万人到龙泉看桃花,20 万人到都江堰避暑休闲,可见大众休闲意识之突出。

如果用最朴素的话语来解释休闲的含义,其中无不包含了吃、喝、玩、乐。吃在首位,也体现了中国对美食文化的享受,成都的休闲文化自然将美食涵盖进去。“吃在中国,味在四川”,这句四方流传的名言点出了成都“尚滋味”、“好辛香”的传统饮食特点。美不胜收的农产品为成都饮食文化提供了丰富的资源;来自各省移民的不同饮食习尚互相融合,造就了成都这个美食之都源远流长的饮食文化、高超绝伦的烹饪技艺。目前,成都有中华老字号名店 24 家、市政府授牌的餐饮名店 35 家。

成都美食可以分为川菜、小吃、火锅三大类。“川菜”为中国四大菜系之首,品种三千,名菜数百,以味取胜,其“一菜一格,百菜百味,擅用麻辣”的特色可谓盘盘菜品是故事,道道佳肴有典故。传统名菜如“麻婆豆腐”、“回锅肉”、“开水白菜”已经风行全球很多地方。“小吃”以小而精的特色驰名海内外,品种数百,做工精细,色鲜味佳,造型别致,代表性品种有“钟水饺”、“龙抄手”、“赖汤圆”、“叶儿粑”、“韩包子”、“夫妻肺片”等。近年来,“火锅”发展速度惊人,红遍全国,正从一定程度改变着很多地方的饮食习惯。

成都独特的休闲氛围为成都旅游业的发展提供了最好的机会。因此,以休闲为主题的农家乐在成都迅速兴起,并在短短的几年内风行全国。2006 年 8 月,首届中国乡村旅游节在成都三圣乡揭幕。在旅游节的首日,成都乡村旅游景区“五朵金花”当即获得投资 7 亿元。而就在 2004 年以前,三圣乡还是成都锦江区不为人知的农家之地。就是从 2004 年开始,依靠现有休闲品牌,发展乡村旅游的策略才形成。随后,锦江区相继推出了休闲观光、赏花品果、农事体验等各种形式的旅游项目,从而使三圣乡下辖的五大村落形成了不同的五大特色基地:春有百花争艳的“花乡农居”景区,夏有绰约风韵的“荷塘月色”景区,秋有含蕊迎霜的“东篱菊园”景区,冬有傲雪吐芳的“幸福梅林”景区以及以农耕文化为主题的“江家菜地”景区。这五大特色景区被人们亲切地称为“五朵金花”。而从此以后,人们一到假日呼朋唤友赶往“五朵金花”成为非常热闹之景象。

休闲产业为成都旅游的特色,还带动了餐饮、娱乐、房地产、IT 行业、文化体育、社区服务等一系列休闲产业的发展。如休闲房产的迅猛发展,2003 年以来,每年有超过 40% 的购房者是来成都安家的外地人,近两年还有上升的趋势。据保守估计,成都休闲经济的产值每年在 200 亿元以上。休闲产业的规模发展,不仅推动了社会经济的发展,而且为社会提供了众多的就业机会。

(三) 中西部文化中心

区域性的文化中心城市往往担负着影响、辐射、提升地区文化的功能。它在经济发展、城市建设、地理位置、交通环境、文化创新等等方面都处于有利地位。把成都建设成为文化发展整体实力居于西部地区领先地位的文化强市是成都“十一五”规划的文化发展目标,也是成都作为历史文化名城的发展方向。

目前,就城市规划来说,成都已启动了新一轮城市总体规划(2003—2020)的修编,完成了成都市城市空间发展战略规划研究,基本确定了成都市空间发展的总体格局和战略方向;它力图突破“单中心圈层式”的城市布局,城市结构将由“圈层式”向“扇叶式”、单一中心向城乡一体化转变。中心城区控制性规模 100% 覆盖。城市环境质量得到大力改善。继续推进“建绿”工程,建成区绿化覆盖率达到 35% 以上。继续开展“创建绿色环保工地”活动。都江堰市获得了“国家园林绿化城市”称号,崇州市滨河路改造工程获得了中国人居范例奖。

成都交通建设成效显著,交通网络迅速便捷。成都双流国际机场客流量居全国第五位,国内航线 200 多条,国际航线 14 条,成都位于宝成、成渝、成昆、成达铁路交汇处,是西南最大的客货运输枢纽,成都东站是西南地区最大的编组站,成都是全国公路密度最大的地区之一,建成了交通城域网,川陕、川藏、川滇等国道横贯境内,成渝、成绵、成南、成雅、成乐、机场高速、绕城高速、成灌高速和"五路一桥"已通车。成都的对外交流也通过邮电通信的迅猛发展与服务领域不断拓展而不断增强。成都是全国九大邮政通信一级处理中心之一、西南最大邮件转口局和四川省邮政通信枢纽局,是全国八大电信中心之一。

从近年成都文化产业发展总的趋势来看,发展速度逐年加快,渐渐表现出对周边城市的辐射力。在这样一座中西部的历史文化名城开发文化,必然要探索一条具有时代特点、中国特色、成都特征的独特道路。2007 年 6 月,成都市迎来了一个历史性的重要发展机遇:获批"全国统筹城乡综合配套改革试验区",这是继上海浦东新区(2005 年)、天津滨海新区(2006 年)先后成为国家综合配套改革试验区之后,中国第三个国家级的综合配套改革试验区。这个标志性的变化,是中国西部改革发展的重大布局,也给成都的文化产业发展供了一个新的起点。

成都的特点是:以体制改革和机制创新为突破口,以文化资源的开发和转化作为基础,以发挥中西部中心城市的作用为契机,建设中国中西部的文化中心城市。2006 年 11 月,成都成立了中国第一个现代综合传媒集团——成都传媒集团。随后,又成立了成都文化旅游集团。成都传媒集团以集团化经营为基础,提高规模效应;以集群化经营为支撑,增强竞争实力;以集约化经营为手段,优化资源配置,打破原来条块分割的行政管理体制,坚持做大做强传媒和文化旅游等优势文化产业,取得了良好的经济效益和社会效益。

成都位于四川腹地,但是成都文化建设却能跳出地理意义上的盆地,大踏步地与国际潮流和现代科技接轨。成都是目前全国三大数字娱乐产业中心之一,是全国游戏玩家、电子竞技选手数量最多、人员最密集、水平最高、电子竞技赛事频繁的城市。在历次全国电子竞技大赛获奖选手中川籍选手占 70%—80%。网络游戏、手机游戏研发企业近 60 家。四川大学、四川师范大学、成都理工大学等高校设有音乐美术电影专业，西华大学创办动漫学院，成都正在形成一批实力强的电影电视动漫创作人才队伍。娱乐演艺行业也是成都的传统优势产业，成都市出台关于文化体制改革和发展文化产业的实施意见，加快了文化体制改革的步伐。民间和社会资本积极参与文化产业的发展，成都演艺（集团）公司、川剧艺术中心等多元投资文化单位应运而生。2009年成都市实现地区生产总值4 502.6亿元，比上年增长14.7%。文化产业作为国民经济的重要组成部分，2009年也呈现良好发展势头，实现增加值136.30亿元，占GDP比重为3.0%，比上年增长17%。

2010年2月，成都市成功地获得联合国教科文组织授予的“创意城市”称号，被认定为亚洲第一个世界“美食之都”，标志着成都市的文化建设和创意经济获得了世界性的广泛关注和重大荣誉。成都成为联合国教科文组织创意城市的最大特色，就是完整地传承了亚洲最悠久的城市遗产，发扬了丰富多彩的川菜文化传统，形成了充满活力的文化创意产业体系。根据1966年四川大学和日本早稻田大学的联合考古发现，4500年前，古蜀先民就在这里建造了一座大城市；公元前311年，成都正式成为都市。在中文里，“成都”就是“成为都市”的意思。数千年来，成都的城市位置不变，历史从未间断，将城市的文化遗产完整地保留至今。联合国教科文组织特别看重和推重的文化多样性，在21世纪的成都获得了充分的体现。在成都周围200公里内，拥有除了大海以外的各种地理和生态，集聚着53个少数民族，也是包括大熊猫、金丝猴在内的大量珍稀动植物的故乡，多样化的生态保存了多样化的动植物资源，导致了成都美食文化的多样性。成都率先举办了中国成都国际非物质文化遗产节，显示了成都市保护和开发非物质文化遗产的决心。各种形式的美食节日和美食文化的产业集聚区，遍布成都的市区和郊区，从年初一直延续到年末。饶有情趣的是，成都虽为内陆城市，却创建了中国第一个“鱼文化”城市节日——中国成都鱼文化节，成为成都辐射整个中西部的盛大文化节庆。1 000多年前的2月15日，成都人创立了“花节”，它是中国本土宗教——道教创始人李陵的生日,1000 多年来,它逐渐由“花的庆典”主题转化到“美食和文化”主题,在 21 世纪更发展成为规模盛大、新意迭出、辐射海内外的“中国国际美食旅游节”。这样的例子在成都举不胜举,因而获得了联合国教科文组织和全球范围的认可和尊重。

第四节　特区新城的特点

(一) 快速崛起的新城

深圳的前身属宝安县,宝安作为县建制始于公元 331 年(东晋咸和六年)。“深圳”地名于 1410 年(明永乐八年)始见于史籍,清朝初年建深圳墟。当地的方言俗称田野间的水沟为“圳”或“涌”,深圳因其水泽密布,村落边有一条深水沟而得名。

改革开放之前,深圳还只是邻近香港的小村镇。直到 1980 年 3 月 30 日,国务院在广州召开广东和福建两省工作会议,研究提出试办特区的一些重要政策,确定深圳、珠海特区的范围,并同意把原拟“出口特区”的名称正式改为“经济特区”。至 4 月 25 日,中共广东省委常委会议决定,成立“广东省经济特区管理委员会”,管辖各个经济特区。同年 8 月 26 日,中华人民共和国第五届全国人民代表大会常务委员会第十五次会议中通过了由国务院提出的《广东省经济特区条例》,正式宣告在广东省的深圳、珠海、汕头三个市分别划出一定的区域,设置经济特区。这一天即成为深圳经济特区成立日。

从经济特区建立至今的 30 年里,深圳由一个昔日的边陲小镇发展成为欣欣向荣的现代化城市,综合经济实力跃居全国大中城市前列,创造了罕见的工业化、城市化和现代化发展速度。深圳为中国内地人均国内生产总值最高的城市之一,也是经济效益最好的城市之一,地均产值、人均收入水平和外贸出口总额稳居中国内地大中城市第一;国内生产总值居大中城市第四位;财政收入居大中城市第三位;

进出口总额占中国大陆七分之一，连续12年居大中城市第一，集装箱港口吞吐量位居世界第四，深圳国际机场为大陆四大机场之一。

深圳基本建成“以高新技术产业、先进制造业为基础，以现代服务业为支撑的适应现代化中心城市功能”的新型产业体系，高新技术产值居国内城市首位。在区域结构上，深圳业已形成的“南软北硬”、“南高北重”、“东西两翼旅游港口”的产业分工布局和特色。南面特区内福田、罗湖、南山、盐田四区集中发展金融、物流、高新技术研发、软件、商贸等“软产业”，规划建设新型的都市产业园区，大力发展总部经济、会展经济，体现出高新技术、高端产业和高附加值的“三高”特点。北面宝安、龙岗两区以“硬产业”为主，加快发展先进制造业，引进关乎全市经济发展前途的大项目、基础工业项目。东西两翼利用山海等资源优势，集中发展港口经济和旅游经济。

深圳经济发展不断攀上新台阶。2010年生产总值9 510.91亿元，增长12.0%；规模以上工业增加值4 092.63亿元，增长13.8%；地方财政一般预算收入1 106.82亿元，增长25.7%。经济发展质量和效益同步提升，全年每平方公里GDP产出近3亿元，万元GDP能耗、水耗持续下降，领先全国大中城市水平；高新技术产业、现代物流业和金融服务业成为深圳的支柱产业。经济增长由二、三产业共同推进，以高新技术产业为主导的工业发挥了经济增长的龙头作用，物流、金融为主体的现代服务业发展壮大，商贸旅游业、房地产业也占据重要份额。

深圳作为中国现代化的大城市，与北京、上海、广州等城市相比，其最大特点就是特殊的发展背景所形成的独特的发展道路。它的迅速崛起显示了改革开放给中国社会带来的巨大变化。从经济角度上，它是中国改革开放的直接经济成果；从文化角度看，它打破了原来中国社会相对封闭的区域壁垒，形成了最早的具备中国特色的“移民文化”。因此，无论从哪个角度去看待和评估深圳，都应该把深圳“快”的速度做为一种思考的前提。

（二）高品位文化城市

进入21世纪后，深圳市提出了文化发展目标：到2010年，文化立市的框架基本形成，高品位文化城市建设初具规模；2020年，基本建成高品位文化城市，使深圳成为文化特色鲜明的国际知名城市。应该看到的是，深圳提出建设高品位的文化城市建立在对现有文化发展基础的把握与对未来文化发展的信心之上，我们可从文化事业、文化产业两方面来分析深圳文化发展。

首先，文化事业飞速发展为建设高品位的文化城市提供基础。特区成立之初，深圳只有一家电影院、一家戏院和一家展览馆。至今天，在深圳中心区放眼望去，由政府投资兴建的建筑，基本都是文化设施。中心图书馆、音乐厅、博物馆新馆、广播电视中心、深圳书城（中心城）等六大标志性文化建筑，雄伟壮观，格外醒目。由中心图书馆和音乐厅组成的深圳文化中心，占地5.59万平方米，建筑面积9.1万平方米，总投资15.97亿元，日均可接待读者高达8 000人次，成为深圳文献信息服务中心和区域图书馆网络中心。很多读者在家门口就能借到市图书馆的图书，打开电脑就能浏览市图书馆的数十万种电子图书。

其次，深圳从确定"文化立市"战略到被确定为全国文化体制改革的综合试点城市之一之后，文化产业有了蓬勃发展。深圳文化产业已确定为全市国民经济的第四大支柱产业，2010年，深圳文化产业增加值达637亿元，占GDP比重达6.7%。深圳已成为全国文化产业发展浪潮中的先锋城市，"文化+科技"的深圳模式，引起了全国的广泛关注。

如今，动漫产业、影视剧制作、出版印刷、旅游娱乐等诸多行业焕发出勃勃生机。据统计，深圳现有影视剧制作经营机构约120家，年制作影视剧产量超过30部，且多为热播剧，发行范围遍及全国各省市。影视动漫产业年生产能力逾两万分钟，并创作出全国首部三维动画电影《魔比斯环》。与此同时，电影市场成绩喜人，票房收入突破 1 亿元，成为继北京、上海、广州之后第四个票房过亿的城市。深圳抓住时机，成立了报业、广电、发行三大集团，做强做大文化产业的“蛋糕”。

深圳文化发展佳绩，还可以从文博会略见一斑。2004 年 11 月，第一个国家级、国际化文化产业盛会开始落户深圳。深圳不负众望，以骄人业绩向全国人民交上一份满意答卷。在第一届文博会成功举办的基础上，历届文博会也获得多项突破，向实现“拉动中国文化产业发展、推动中国文化产品和服务出口”的目标再迈出坚实一步。在文博会的促进下，深圳文化产业园区蓬勃发展。布吉大芬油画村、古玩城、水贝珠宝交易中心、满京华艺展中心、怡景动漫基地、雅昌艺术馆在第

图 4.3　深圳大芬村：闻名遐迩的油画村。

二届文博会上闪亮登场。这些文化产业园区,已经成为全国知名的文化产业基地,仅大芬村每年油画出口就达3 000多万元。与此同时,罗湖创意文化广场、东部华侨城、田面"设计之都"创意设计产业园、世纪工艺品文化广场、南山数字文化产业基地、南海意库等一批新园区,如雨后春笋般兴起,为深圳文化产业提升凝聚无穷潜力。

被称为"中国油画第一村"的大芬油画村,是深圳最具特色的创意产业基地之一。大芬村原是深圳市龙岗区布吉街道下辖的一个村民小组,占地面积仅0.4平方公里,本村原住居民300多人。1989年,香港画家黄江来到大芬,租用民房招募学生和画工进行油画创作、临摹、收集和批发,由此将油画这种特殊产业带进了大芬村。随着越来越多的画家、画工进驻大芬村,"大芬油画"成了国内外知名的文化品牌。从1998年开始,区、镇两级政府开始将大芬油画村作为独特的文化产业品牌进行环境改造,对油画市场进行规范和引导,同时加大了宣传力度。至2009年,大芬村云集了4 000多名画工、画师和画商,400多家画廊和800多间油画个人工作室、油画作坊。每年创作出大量的油画销往世界各地,2009年大芬村艺术品销售额高达5亿元以上。深圳市公共文化服务体系正在进一步完善,市民和外来建设者拥有更多的文化权利。其核心要求就是建设高品位的文化城市,它将对深圳的未来发展产生深远影响。

（三）两城一都的名片

近年来,深圳市提出发挥深圳现有的文化优势,建设"两城一都",即建设覆盖全城、数字化的"图书馆之城";钢琴人才层出不穷、钢琴爱好者众多的"钢琴之城";建设设计精英聚集、设计艺术在城市环境中无所不在的"设计之都"。纵观"两城一都"的概念并非同时形成,但都是在实践中总结、发展和提炼出来的。

1. 图书馆之城——建设学习型社会。深圳自2003年在全国率先提出建设"图书馆之城",经过多年的建设,已经取得阶段性成果:初步建立起比较完善的四级图书馆网络，全市各级图书馆达500余家，社区、地铁站和主要商业区设置多个自动借还书点，市民借还书更加方便快捷。

在“图书馆之城”建设方面，到2010年，实现常住人口每15万人拥有一座公共图书馆，每1.5万人拥有一座社区图书馆，常住人口人均拥有藏书2册（件）。区图书馆与街道、社区图书馆之间逐步实行总分馆制，推进市、区级图书馆之间文献的“通借通还”服务。推动深圳科技图书馆等特色专业图书馆建设，建立市少年儿童图书馆、中小学图书馆网络体系，推动行业图书馆逐步向公众开放。

2. 钢琴之城——推广普及高雅艺术。建设“钢琴之城”，缘于深圳在钢琴教育和钢琴普及方面的积累。钢琴教育，一直是深圳文化的一个品牌。继李云迪、陈萨之后，近两年深圳市又培养出一大批优秀钢琴人才，频频在国际钢琴大赛上夺冠。2002年，深圳艺术学校的左章荣获乌克兰克莱涅夫国际钢琴比赛第一名，张昊辰获柴可夫斯基国际钢琴比赛第一名。

“钢琴之城”的另一个基础，是钢琴在深圳家庭的普及率。业内人士透露，据不完全统计，深圳已有各类琴行120多家；仅福田区的家庭钢琴拥用量便超过2万台，整个深圳市的钢琴拥有量不下10万台，特别在蛇口，钢琴学习更是蔚然成风。深圳还拥有了一批由著名钢琴家、钢琴教育家设立的钢琴培训机构，包括但昭义钢琴艺术中心、孔祥东国际音乐艺术中心等。

在此双方面因素的影响下，深圳于2004年初提出，发挥钢琴教育与钢琴普及的优势，努力把深圳建设成为一座“钢琴之城”。随后，深圳钢琴盛事频频：中国深圳国际钢琴比赛“落户”深圳，亚洲肖邦国际钢琴比赛中国选拔赛、帕德洛夫斯基国际钢琴比赛中国选拔赛、舒曼杯国际青少年钢琴大赛亚太地区选拔赛等国内外重要赛事在深圳举行，深圳少年钢琴家全国巡演20场获得广泛好评，“来自中国深圳的音乐艺术”音乐会在意大利和法国演出获得成功。

这些举世瞩目的钢琴音乐会的召开，无疑为深圳注入了艺术的灵魂。

3. 设计之都——提升城市文化品位。深圳的设计行业是伴随深圳特区成长起来的，其印刷业孕育着庞大的设计需求。活跃在深圳的平面设计师队伍达 2 万人，其中全球最权威的设计师组织——国际设计联盟（AGI）中，中国内地共有 4 位会员，深圳便占了 2 位——王粤飞与陈绍华。可以说，深圳已经成为亚洲设计的重镇以及中国现代设计的核心城市。

目前，深圳已聚集了几万名设计从业人员，深圳设计师的作品服务了遍及全国的大型企业集团和文化机构，从为中国人扬眉吐气的“世界建筑师大会”申办标志（龙兆曙设计）、“2008 北京申奥”标志（陈绍华设计），到竖立在纽约时代广场的三九集团标志（王粤飞设计）；从中国第一家股份制银行深圳发展银行行徽到畅销世界的康佳与创维电视品牌，以及平安保险、万科集团、太太药业、中国轻骑、海尔集团、一汽海南、古井酒业、红塔集团、五粮液集团、华为技术、中兴通讯等数不胜数的众多企业与品牌形象，深圳设计为中国发展作出了贡献。

近 10 年来，深圳的设计师几乎获得过世界所有的顶级设计赛事和国际展览的奖项。此外，深圳的设计师们积极推动深圳与国际间的设计交流，先后成功举办了具有国际影响的“平面设计在中国展”、“2003 深圳设计展”等。设计评论者黄治成曾经说过：“自‘1992 平面设计在中国展’之后，深圳已成为中国现代设计的一面旗帜，成为新生代设计师心中的巴黎蒙玛特区。”

实际上，无论是钢琴之城，还是图书馆之城，或设计之都，都是深圳文化发展的某个方面，三者相结合才是完整体。“两城一都”作为深圳市贯彻落实“文化立市”战略、建设高品位文化城市的一项重要举措，它所追求的，是一个读书成风的学习型社会，一个高雅艺术广泛普及的艺术之都，一个审美意识深入人心的美丽家园。

第五节　国际都市的实力

（一）东西交汇的重镇

上海位于长江三角洲冲积平原，因吴淞江支流上海浦而得名。春秋时属吴，战国时当地渔民创造了捕鱼工具“扈”，称这一带为沪渎，东晋时在此筑沪渎垒以防海盗，故上海简称“沪”。长久以来，上海就被誉为“江海之通津，东南之都会”。“两千年历史看西安，一千年历史看北京，一百年历史看上海”的说法并不是在否认上海所具有的悠久历史，而是说明了上海在近现代中国的重要性，它是近现代中国的“缩影”，拥有厚重的历史底蕴。

上海有一种任何城市都无法比拟的气质，就是她的“开放之气”。1843 年 11 月上海开埠后，由于“华洋共处、五方杂居”，中西文化剧烈碰撞、南北文化频繁交汇，最终在不同程度上得到了融合。这种融合，即为海派文化产生的基础，也成为上海这座城市得以广纳、宽涵海内外一切文化，并融合、改造成为体现这座城市品格的标志性特色文化的优越条件。

“海纳百川，兼容并蓄”的上海海派文化，体现在上海文化的方方面面、上海的建筑文化，正是在“海纳百川，兼容并蓄”中造就了中西并存、中外合璧、艺术交融、风格独特的“世界建筑博览会”；上海的舞台文化，正是在“海纳百川，兼容并蓄”中形成了本乡本土的“申曲”（沪剧）与国剧京戏、越剧、淮剧等地方戏，以及来自域外的话剧、芭蕾舞等百花争妍的“大联袂”；上海的音乐文化，正是在“海纳百川，兼容并蓄”中由乡土气息浓烈的“紫竹调”、“梅花三弄”，吹来了喜气洋洋的“广东音乐”、喧腾激越的“欢庆锣鼓”、回肠荡气的“二泉映月”，以及来自欧美的交响乐、铜管乐、管弦乐；上海的书画文化，正是在“海纳百川，兼容并蓄”中不但传承、光大了传统中国书画的风骨，出现了被称为"海派"的"海上画派",而且使发源于古希腊的雕塑艺术和来自文艺复兴发祥地佛罗伦萨的油画艺术在这里留下了"神秘的微笑";上海的饮食文化,正是在"海纳百川,兼容并蓄"中不但荟萃了展示域内川、粤、京、鲁、江浙、淮扬等地特色菜系、传统名点和茶酒文化的馆堂楼肆,而且汇聚起散发着欧美情调、各国风味的西餐馆、咖啡厅;上海的民俗文化,正是在"海纳百川,兼容并蓄"中不仅保存并革新着传统节庆、吉凶礼俗、民间艺技、武术健身、收藏集古等彰显中华特色的文化,而且吸纳并发展着随欧风而来的交际礼仪、歌舞娱乐、体育竞技、服饰饮食、婚丧嫁娶等异域风情。

图4.4　2010年上海世博会显示了上海海纳百川的全球胸怀。

这种中西交汇的海派文化已经深入上海精神的骨髓，即使在现代，在经济全球化背景下把上海建设成为国际文化大都市，也要以全球化的视野，直面经济全球化与世界文化的多元化，又要发扬与继承上海历史更为悠久、底蕴更为深远的遗产型江南文化，中西相互融合，实现“海派文化”的现代转型，即以“现代海派文化”来凸现上海国际文化大都市的丰富内涵，使上海文化既具有国际化的时代性，又内涵上海自身的独特历史感。这也应该是“现代海派文化”作为上海建设国际大都市文化的特色。

（二）文化产业的实力

与个性鲜明的城市文化相对应的是上海文化产业发展迅猛，并取得了巨大成效。改革开放30多年来，上海文化产业的总体规模不断壮大，增加值从2000年占5%左右，稳步上升到2010年的5.67%，文化产业增加值从2004年的441.4亿元，上升到了2010年的973.57亿元，约占全国文化产业增加值的十分之一左右，每年增加值的增幅约在14%左右。2010年上海文化服务业增加值与相关文化服务业增加值之比约为7∶3，即文化服务业增加值占文化产业增加值的72.27%，相关文化服务业增加值占文化产业增加值的27.73%，以往两者之比都在6∶4的区间中。这说明上海文化产业结构在逐步优化，与此同时，上海文化产业的产业结构、劳动生产率、对外贸易额、主要文化市场总量等重要指标，继续在全国各大城市中名列前茅。上海作为国际大都市的文化产业竞争力，主要是由她的重点产业来体现的。而上海选择的六大重点文化产业，不但要依托本地的文化资源，更要面对国内外市场竞争的要求，形成战略的制高点。

上海根据国际大都市的市场需求、要素流通和发展需要，首先发展三大新兴文化产业，这些产业具有科技含量高、创意含量高、扩散速度快、国际接轨快、市场空间大的特点。它们包括：（1）文化信息服务业。这是体现数字化、网络化特点，具有高科技内涵的新兴产业；鼓励

图表 4.2　上海文化产业增加值的增长(2004—2010)

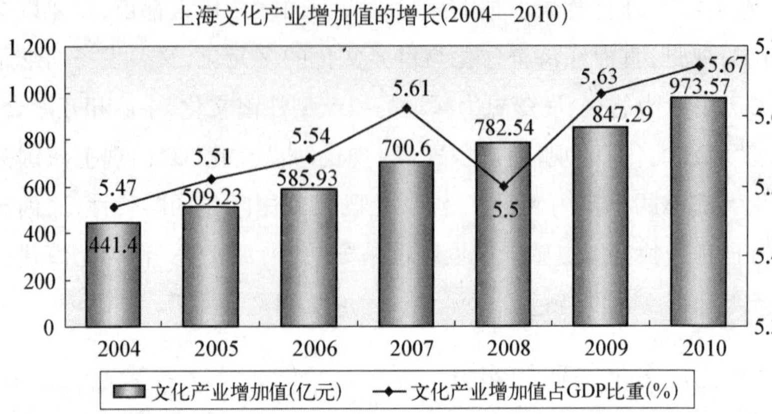

具有自主知识产权的网络文化产品的创作和研发,开发文化数据处理、存储、传输服务和移动文化信息服务、网上文化交易等新业态,提高上海文化信息业服务区域、服务全国的能力。(2) 文化类创意产业。这是体现提升上海工业附加值、提升产业结构的前沿领域,重点在结合城市工业的发展和旧城市的改造,聚焦于研发设计创意、咨询策划创意、文化传媒创意、时尚消费创意等领域,促进各类文化创意产业园区的可持续发展。(3) 文化休闲娱乐业。这是体现国际大都市文化品位和生活质量的重要方面,重点在创新休闲娱乐业态,培育大众娱乐、时尚娱乐、休闲娱乐等多种消费市场。

上海充分利用了城市传统的产业优势,抓住 2010 年世博会的战略机遇,继续发展三大优势产业。它们是:(1) 会展、广告和艺术品服务贸易业。2006 年最活跃的展览是房产、建筑、装潢、汽车、机械、化工、造船类展览,显示了上海会展产业对上海制造业和市场辐射的服务作用。(2) 新闻出版和版权服务业。这是体现上海文化版权内容开发的上游产业。重点在培育国内有较高知名度的品牌报刊,拓展音像出版、电子出版、网络出版等新型的出版业态。加快构筑以连锁经营、集团化管理和现代物流为特色的出版物发行业。(3) 广播电视电影业。上海积极推进"上海影视崛起工程",提高故事片、电视剧和广播节目的产量和质量,加

图4.5 上海张江文化产业园：全国第一个科技型的国家级文化产业示范园区。

快实现广播电视制作、传输、接收的高清化、数字化、交互化，拓展手机电视、移动电视、楼宇电视、车载电视、网络电视等新媒体的发展。这六大产业，犹如一组大功率的螺旋桨，给上海文化产业送去了强大的推动力。

上海文化产业的发展不仅仅依赖于内容的丰富，而且更依靠其政府管理创新、产业形态创新、企业制度创新相结合所爆发出来的巨大能量，这是上海文化产业发展中更深刻、更具有推动力的创新重点。上海以改善文化生产关系、解放文化生产力为目标，以加快文化产业的要素流通和优化整合为重点，以建立与国际接轨的文化投融资体制、文化营销体制、文化精品研发机制等为突破口，倡导政府管理创新、产业形态创新、企业制度创新三项制度的创新相结合。

上海新华发行集团为“借壳上市”而全额投资建立新型企业“新华传媒”，并将几乎全部优良资产注入其中，组建新的上市公司，被称为中国发行产业第一股，就是上海文化产业投融资机制创新的重要业绩，也是全国股权分置改革中的一个创举。从2004年到2006年，上海新华发行集团用2年多的时间，完成了从国有独资到国有多元投资，又到混合所有制，再到核心业务整体上市的改造。它巧妙地实现了“股权收购+资产置换+股改”，具有机制创新、多方共赢的目标，使企业在经营规模、经济效益、资本实力、市场价值方面实现了跨越式发展。

上海大剧院则把建立新型的文化投融资机制、新型的剧目创作机制和实施现代企业管理制度，作为打造国际一流大剧院的基础。上海大剧院艺术中心由上海大剧院与上海音乐厅、上海文化广场、上海交响乐团、上海芭蕾舞团等知名文化机构组成，是一个面向大众、担负城市文化核心功能，具有创作演出、剧场服务和市场运营功能的演艺文化集团。上海大剧院是全国单一剧场营业收入的第一名，也是全国唯一操作国际音乐剧演出市场化大获成功的剧院，《剧院魅影》、《狮子王》等著名音乐剧演出都超过100场。大剧院艺术中心在全国演出经纪公司营业收入中位列第一，上海大剧院在国际同行中的地位也逐步获得广泛认可。

在“内容为王，渠道制胜”的国内外文化产业竞争中，上海充分利用数字化技术来提升文化生产力。上海积极培育互联网游戏出版等新兴产业，依托浦东张江文化科技创意产业基地的优势，开发具有中国特色的网络游戏产品。这些企业中，既有盛大网络和上海第九城市等这样业内的龙头企业，也有久游网等一大批网络游戏的后起之秀。盛大网络和第九城市先后在美国纳斯达克上市，标志着中国大陆的网络游戏企业开始进入了国际资本市场的大舞台。近年来全国最受欢迎的十大网络游戏中，有50%以上是在上海开发的，上海互联网游戏出版产业的销售收入占全国市场的60%以上,堪称占有大半壁江山。

(三)世博会重大机遇

2010年的上海世博会将是对创意产业的一次大检阅。世博会是新思想、新理念、新产品、新文化的重大聚会,是创意展示的舞台。世博会的成功举办,也将为创意产业带来重要的发展机遇。世博会上各种创新思想的交流碰撞也将激发人类的灵感源泉,推动创意产业迈上新台阶。世博会是一项世界性的非贸易性的大规模的产品展示和技术交流活动,其宗旨就是促进世界各国经济、文化、科学技术的交流与发展,使每个参展国能够充分地利用这个机会宣传自己,展示自己在各个领域所取得的成就,扩大国际交往,提高参展国的地位和声望,所以,有着近150年历史的世博会被誉为世界经济、科学技术界的"奥林匹克"盛会。

在世博会带来的经济、文化、品牌效应当中,经济效应是最让人津津乐道的。众所周知,世博会对一个城市、一个国家的经济拉动具有持久的影响。日本1964年在东京举办了奥运会,1970年在大阪举办了世博会,这两大国际性活动极大地拉动了日本经济的增长。从1961年到1970年的10年间,日本经济年均增长11.6%,日本国内的许多基础设施包括新干线都是在这个时候兴建的。而上海世博会作为第一次在发展中国家举办的世博会具有特别重要的意义。它的到来是在中国经济大发展的背景下,它所带来的投资和消费效益,也必然引起广泛的关注,同样,这也是创意产业业内人士密切关注的一个重点。

从国际经验来看,每一次世博会的成功举办,都会大大推进主办国特别是主办城市创意产业的发展。展示的技术和产品将推动主办地高新技术及其产品的创意设计;最先进的展馆设计理念,促进了主办方建筑设计产业的发展;会场上开设的商店和餐饮店促进了参展国商业、旅游业和美食业等服务业的发展;多媒体、新媒体等综合展示手段,对主办城市的多媒体设计、影视制作也有很大的促进作用;各类学术会议与论坛、文化娱乐等活动培养了一大批会展和文化策划人才,推动了主办城市会展、文化产业的发展等均起了巨大的推进作用。

2010年上海世博会的举办为上海创意产业发展提供舞台，向世界展示自己的创意理念和创意产品，而由此带动的建筑设计、广告设计、高新技术产品设计、多媒体和软件设计、文化艺术、会展策划等创意产业领域，将为上海创意产业的发展奠定坚实的基础。因此，上海抓住2010年世博会的机遇促进创意产业实现跨越式发展。上海世博会也促使上海和周边的杭州、苏州、南京、宁波等长江三角洲城市一起成为亚洲最大的会展城市群，并以会展业为核心，带动娱乐、传媒、印刷、广告、设计、软件等相关创意产业群的发展。

图表4.3　世博会投资和消费对上海六大产业部门的影响

单位：亿元人民币

部　　门	消费额	投资额	小　　计
农业	56.92	5.08	62.00
工业	294.62	648.97	943.59
建筑业	1.67	123.19	124.86
货物邮电业	54.41	71.12	125.53
商业饮食业	90.40	111.76	202.16
非物质生产部门（金融、保险、创意、设计、广告、媒体、娱乐、旅游、休闲等）	277.88	238.76	516.64
合计	775.90	1 198.88	1 974.78

资料来源：王战主编：《2010年世博会：创新与发展》，上海财经大学出版社2004年版。

上海在"后世博"时代要适应"智慧型城市、紧凑型城市、和谐型城市"的大趋势，适应上海产业结构转型和城市功能转型不断深化的趋势，提出核心圈、外围圈、辐射圈的文化产业大格局，形成"一园、一轴、两河、沿海、多组团、多圈层"的文化生产力新空间布局。

通过2010年世博会，上海正在从一个国际化大都市，逐步走向以长三角为载体的国际化大都市区域。上海与长三角城市在共享文化资源和开发文化市场方面，获得了前所未有的广泛认同，促进了地域文化交流，如2008年开始启动的“长三角世博体验之旅”，开出了近100条旅游精品线路，彰显了长三角城市共享世博机遇的热情。作为世博会的重要工程之一，连通上海浦东国际机场与浙江嘉兴、湖州、杭州的上海S32申嘉湖高速公路正式通车，使上海西部出口增加到6条；而时速350公里的沪宁城际铁路、沪杭高速铁路，以及京沪高铁虹桥站的部分设施，也在世博会期间相继建成并投入运营。上海和长三角城市在文化产业方面的合作正越来越紧密和有效。

上海在“后世博”时代要适应“智慧型城市、紧凑型城市、和谐型城市”的大趋势，适应长三角区域一体化发展的格局，提出核心圈、外围圈、辐射圈的格局，形成“一园、一轴、两河、沿海、多组团、多圈层”的文化生产力新空间布局。上海以市中心0公里到50公里是核心圈，从50公里到100公里是外围圈，包括崇明、昆山、太仓、嘉兴及环太湖周边地区等，从100公里到300公里，是辐射圈，包括宁波、金华、南通、扬州、泰州等。

世博会结束后，世博园区将成为上海的文化中心，上海文化生产力发展要求建立“一园、一轴、两河、沿海、多组团、多圈层”的空间格局。加快建立东部、中部和西部三大产业规模、经济效益兼备的空间组团，充分释放城市资源优势，极大促进上海具有鲜明特色和一定辐射效应的文化产业优势集群的尽快形成和功能完善。

图表4.4　2010年上海市世博会对相关产业拉动效果示意图

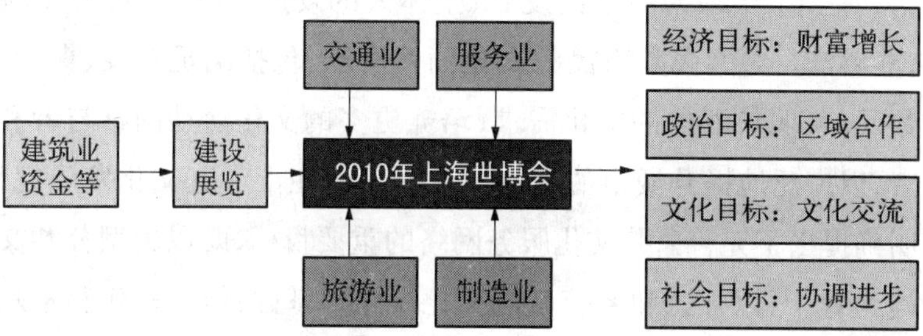

资料来源：王战主编：《2010年世博会：创新与发展》，上海财经大学出版社2004年版。

第六节　需要探索的重点问题

随着中国的大中城市形成了文化建设的一股空前热潮，在发展中也出现了亟待解决的问题。而原有的若干文化统计指标，是以统计局的统计指标为主的，它以国有文化企事业单位、文化产品、文化服务的市级统计数据为主，在一定程度上反映全市国民经济与社会发展中的文化部分，却无法从统计指标的角度，揭示城市文化发展中亟待解决的一系列重大问题。这些问题也是我们提出"文化城市"统计评估指标的一个实践出发点。

1. 文化原创能力的贫弱问题及其原因。一个城市的文化竞争力，首先体现在它的文化产品的质量和数量，特别是它的文化原创活力。不可否认的是：近年来许多城市虽然在基础设施等硬件方面，大量投资，获得了历史性的跨越，但是在电影创作、电视艺术创作、文学创作、演艺创作、视觉艺术创作等方面，在精神内涵和文化内容方面，缺乏在中国和海外产生引领性的强大号召力，这种原创能力的贫弱不是孤立的，一定有一个系统运作方面的原因：比如人才质量、政府投入、国际交流、管理体制、文化包容性的相互不匹配等，亟待从文化统计指标的角度加以揭示。

2. 文化城市发展成果的社会共享问题。文化生产与物质生产的重要区别在于：文化生产不仅仅提供了经济效益，而且具有人文意义，为"三个全"即人的全面发展、全体人的发展、人的全过程发展服务，能够满足绝大多数市民的文化消费需求，包括满足女性、青少年、少数民族、弱势群体的文化需求，培养更多的文化活动的参与者和创造者，以广泛地提升城市的文明程度。苏州在十一五文化发展规划，就明确提出了完善公共文化服务网络的重要目标，既以大型公共文化设施为骨干，以社区和乡镇基层文化设施为基础，努力构建和不断完善覆盖城乡的公共文化服务网络。推进苏州科技文化艺术中心、苏州市演出中心、苏州美术馆新馆、苏州文化馆新馆等标志性文化设施的规划和建设,进一步提升城市文化形象和品位。加强苏州市区和各市(县)城区公益性文化设施建设,达到“区有两馆(图书馆、文化馆)、街道有一站(文化站)、社区有一室(文化活动室)”的目标,形成半径为1公里、步行约15分钟的社区“15分钟文化圈”。平江、沧浪、金阊新城区及各开发区按照每1.5万居民拥有1座综合性文化活动中心的标准,加强配套文化设施建设。大力开展社区文化、广场文化、校园文化、企业文化、家庭文化等群众性文化活动,扶持民间业余文体团队建设,丰富群众精神文化生活。积极推进文化信息资源共享工程,加快形成覆盖全市城乡、通借通还的公共图书共享网络。像苏州这样的文化规划和文化举措,对于许多中国城市来说,应该是多多益善。

3. 城市对文化投入的数量和效率问题。如果把一个城市的文化作为一种战略流程,那么它有投入、运行、产出、效率等环节。从1990年代以来,许多城市政府对文化的财政支出不断增加,一再刷新历史的最高纪录,但是许多城市的文化投入的机制不够合理,人员的工资奖金等开支过大,整体投资效率不高,养人机制未根本转变,在不少国有的文化团体中,至今还有“宣传部给钱,就排新节目,不给钱就不出作品”的状况。我们调查了若干个100万以上人口的大中城市,在市级文化事业经费中,人头费占25%;尤其是区县和乡镇级人员经费比重大,分别占同级财政文化经常性事业经费的61%和43%,养人机制未根本转变。这就亟待从文化统计指标的意义上,来揭示政府文化投入的增长、比重、效率等,并且为改进的措施提出前瞻性的思路。

4. 文化城市发展的资源存量和增量问题。一个城市的文化发展需要综合性的资源,包括资本资源、物力资源、信息资源、人力资源等。必须使这些资源普遍积累到一定的数量和质量水平,同时加以有效的组合,才能形成良好的文化生产力。比如上海文化产业发展仍然存在一些问题。首先是文化企业和机构的集约度不够高,为1.5万家左右,数量约为香港的50%,而且缺少在全国和海内外规模领先的文化集团,类似盛大网络集团、复星高科集团、SMG 东方传媒集团、世纪出版集团等进入中国文化企业 30 强和中国企业 500 强的领军企业为数还不多;其次是文化产业的结构有待于进一步优化,需要突出内容和科技含量高的主打板块,同时培育更多的文化上市公司;再次是需要进一步优化空间布局,使得文化集聚发展与城市产业结构的调整、人口分布的变化、生态环境的保护、长三角联动发展等要素进行综合考虑,特别在市郊结合部和远郊地区,预先谋划,前瞻布局,形成新的文化生产力组团。这就亟待从文化统计指标的意义上,来揭示上海文化人才队伍的数量和质量、资源配置和产出效率、投入机制和运作绩效之间的相互关系。

第七节　指标设计的核心理念

正是在这样一个立足城市、辐射全国、借鉴国际、接轨世界的广阔背景上,我们设计的文化城市指标体系,是一项推动城市文化发展的创新工程。引导该指标体系的核心理念或者说核心价值观念是:

1. 以人为本的理念。文化城市统计评估指标的出发点和归宿,就是服务于和推动人的全面发展,即提高全体人民的文化生活质量。具体来说,就是 3H 原则,即文化服务于人的全面发展,服务于全体人的发展,服务于人的全过程发展。而且要落实为实现公民的四大文化权利,即促进文化活动的权利、参与文化创造的权利、享受文化成果的权利、保护文化遗产的权利。公民享受文化成果的权利具有普遍性。文化权利不是一种特权,而是一种人人都可以享受的普遍权利。尽管在现实情况下,远远没有达到公民普遍享受文化成果的程度,但是作为一种判断标准和长远目标,文化权利应该不分种族、阶级、国籍、肤色、年龄、职位、身份等,也就是说,当文化产品和服务的供应,不仅仅是作为一种经济产量和产值,也不仅仅具有少数人评奖的意义,而且是被最大多数人享受,成为公共生活质量的一个组成部分之时,这种文化权利才有了普遍的社会人文价值。只有通过文化的发展,使得全体人民的文化参与、文化创造、文化享受、文化成果受保护的水准获得普遍的提高,才能表明一个城市的文化获得了新的提升。

2. 战略流程的理念。文化城市的核心是文化生产力,它有自己的资源投入、创意组合、效能提升、产出回报的过程。文化生产力的生成和优化应该是一个战略的流程,也就是说,必须在一个动态的过程中,不断地加以优化。而它的核心环节是创意和创新,换句话说,必须把人的创意和创新活力,作为推动文化发展的第一资源、第一资本和第一要素。中国要在21世纪实现和平发展,中国的文化生产力水平应该立足在一个科学的战略流程上面。这就要求文化发展的基本环节,从环境建设、资源保护、创新开发、产品生产、国际交流、社会共享等,应该是一个完整的动态流程。每一个环节之间的落差越小,衔接越紧密,整个文化流程的运作效率就越高,文化生产力的效率就越佳。

3. 资本培育的理念。文化城市理念的提出,本身标志着把与文化生产相关的各种资源,特别是资本资源、物力资源、信息资源、人力资源等,作为长远的资本来经营。而这许多要素如基础设施、人力资源、品牌培育等,是要经过比较长时间的投入和积累,而且要经过良好的组合和经营,才能成为有效的资本。竞争力 = Σ要素 × Σ组织过程,组织经营过程成为文化要素资本的倍增器。

4. 国际接轨的理念。2010年上海地区生产总值达到16 872.42亿元,按可比价格计算,比上年增长9.9%(如果按户籍人口计算,上海人均GDP达到10 827.58美元。苏州虽然仅仅500多万人口,而且既不靠海,也不靠边,既无大型海港,也无国际空港,而且不是经济特区,不享受经济特殊政策,但是苏州人均GDP等城市发展的综合指标名列前茅。但是,正如恩格斯在致康·施米特的信中所说:精神与经济发展并不总是平衡的,“经济上落后的国家在哲学上仍然能够演奏第一小提琴"①。上海、成都、苏州作为中国率先与国际接轨的大中城市，要有前瞻性的理念，通过设计新的文化城市指标，努力推动城市的文化后来居上。

上述理念，又可以归结为基础建设和资源积累、公平共享和国际影响、创新活力和规模效应的三大价值导向，也就是说，我们设计的文化城市统计评估指标，不是一套物理指标的堆砌，不是从理念出发的纯学术研究，而是针对中国城市的文化发展问题，从里向外，由核心价值观念层层开发的一个科学评估系统。它体现了21世纪中国和平发展过程中，文化城市所追求的价值取向，又展开为一种可操作的系统。

图表4.5　文化城市统计评估指标的三大价值导向

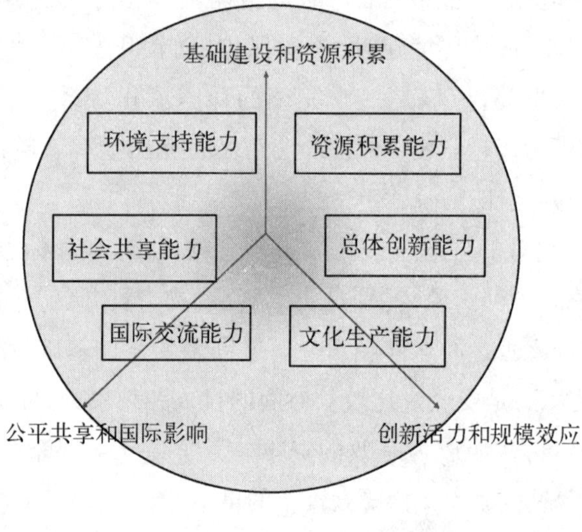

① 《马克思恩格斯选集》第4卷，人民出版社1995年第2版，第704页。

第五章
科学流程和主要框架

第一节　指标设计的科学流程

设计本《文化城市评估指标体系》的工作，是一个系统的流程。它从总体上分为两大部分，第一部分：研究和设计"文化城市统计评估指标体系"的工作，在前面进行了大量国际性的比较和研究工作的基础上，它包括五个步骤：1. 设计指标体系；2. 进行可行性分析（通过专家访谈、问卷方法等进行指标的筛选）；3. 修改和确定指标体系；4. 权重的设计、调查、和确定；5. 形成完整的指标体系模型。

第二部分：后续的数据整理、统计和研究工作。在《文化城市统计评估指标体系》设计完成后，有关部门可以利用该指标做后续的工作。它也包括五个步骤：1. 理顺调查渠道，收集近三四年来有关城市文化发展的全部数据；2. 对各项指标数据进行标准化处理；3. 对标准化处理后的各项数据进行加权汇总；4. 综合得出上海城市文化竞争力总体指数；5. 在这一个基础上，进行各项指标的深入解读、比较和分析，并且提出改进和发展的对策建议，必要时形成有关文化城市发展的年度报告。

图表 5.1 《文化城市统计评估指标体系》设计的工作流程示意图

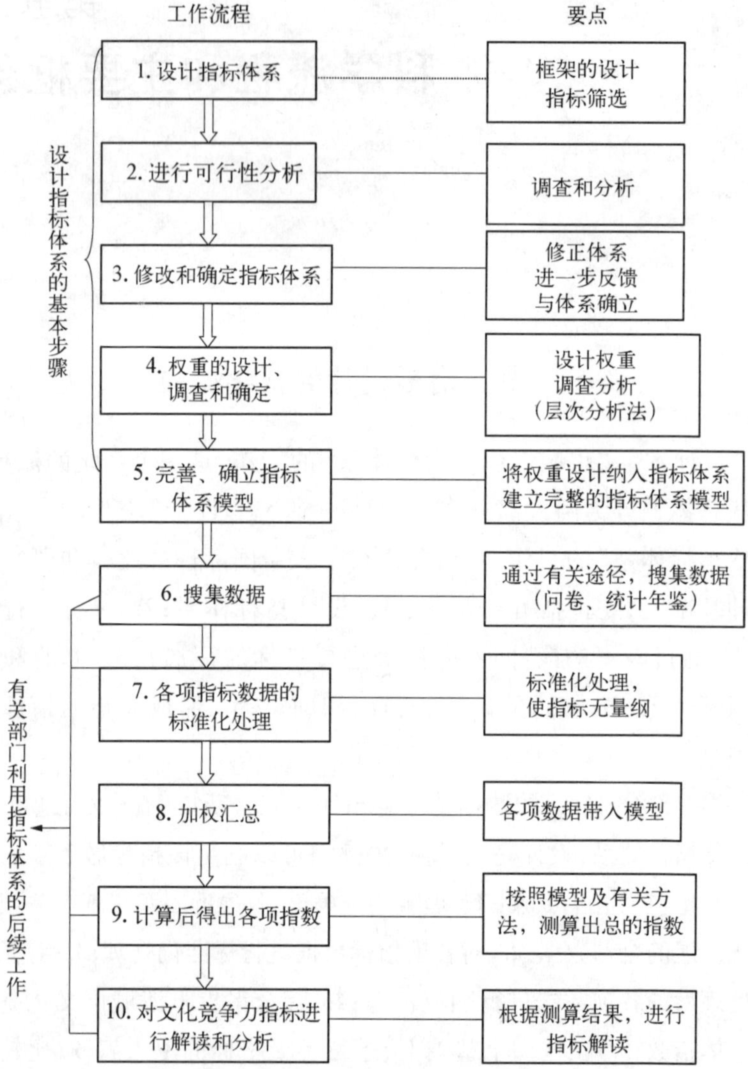

第二节　指标体系的主要框架

本指标体系是一个三级指标体系。即由文化城市的总体统计评估指标，分解出六大系列（一级指标），它们是：

1. 文化环境指标，指城市与文化发展相关的经济环境、法律环境、市场环境、生态环境、贸易环境、基础设施环境、文化包容性环境、政府管理能力等，这是文化发展所获得的一个总体支持平台。因为任何一个城市的文化，必将是在多种要素构成的环境中发展。

2. 文化资源指标，指城市为发展文化而培育的四大资源，包括资本资源、物力资源、信息资源、人力资源。必须看到，文化资源是一个积累的过程，有的甚至需要好几代人的长期保护和积累，才能形成具有深厚人文价值和巨大市场潜力的宝贵资源。所以，对文化资源的积累，必然是一个成年累月的社会工程。其中包括政府投入、企业投入、基础设施、文化遗产、人口中文化工作者的数量和质量等。这些资源决定了城市文化的可持续发展能力。

3. 文化创新指标，指城市文化原创的基本能力，包括原始性创新、集成型创新、消化型创新等能力，以及它们获得自主知识产权的能力；这一能力实际上包括以下五大类要素：(1) 知识创新能力：一个城市的文化不断开发出新知识、新内容、新服务的能力。它可以用研究开发的投入资金、研究开发的机构（其中文化产业企业的研究开发机构应该是主力军）、研究开发获得的各种专利、论文和知识产权等指标来表示，也可以用自主研发的具有知识产权的电影、电视剧、大型演出项目、大型艺术品、科技创新项目等来表示。(2) 知识流动能力：即一个城市的文化利用全球一切可利用知识的能力，并且在各创新单位之间流动的能力。它可以用成果转移等指标来表示。经常会遇到这样的情况，一个城市的文化结构规模不大，但是它可以利用全球一切可以利用的知识，而且一旦获得了这些资源，就可以在产业内部的研发、生产、传播和营销部门内，进行快速流动。(3) 成果转化能力：即把创新成果转化成为市场适销对路商品和服务的产出能力，以及适应当地生产条件和市场的能力。单一的创意还不等于市场上适销对路的商品和服务，还必须有大量技术、工艺和操作手段上的创新举措来体现它，它可以用企业的创新产出、新产品的产值等指标来表示，实际

图 5.1　开封古城：国家文化产业示范园区。

上是一种配套服务能力，体现为一种高效转化的组织系统。（4）创新经济效益：即由产业结构、国际竞争力、就业人数等指标所体现的总体效益。

4. 文化生产指标，文化生产是城市重要的生产能力之一。文化产业结构不但是创新能力的体现，显示了一个城市把文化资源转化成为产品和产业的能力，而且是进一步推动产业进步的重要基础。从1980 年代以来，中国城市文化的规模有了空前的增长，而且在创造的内容和质量上，也在不断改善和提高。文化归根结底是以人的创意、情感、知识和表达为核心价值的事业和产业，是一种“内容为王，创意制胜”的内容经济和创意经济。一个只能够复制别人文化产品的国家,无论如何不会是一个文化的强国。所以,国外有学者把文化生产创意和创造的大国,描述成为全人类文明活动的“头脑国家”,而把大量消费进口文化产品的国家称为“四肢国家”,讲的就是这个道理。

5. 文化交流指标,指城市在国内外三大文化市场即文化产品市场、文化要素市场和文化附加值市场上的占有率。这对于中国的城市,具有更加紧迫的现实意义。中国的城市文化走向世界,不但是获得世界性的文化资源,开发全球市场空间的需要,也是传播中国的国际形象,吸引和团结中国的国际盟友,推动祖国统一的大业,全面增强中国软实力的需要。从 1980 年代以后,这一历史性的发展过程,可以用三个“舞”来表示:当中国走向改革开放新时代的时候,中国文化是“闻鸡起舞”,率先探索走出去的途径,获得了开拓市场的先机;当中国加入 WTO,融入世界经济体系的时候,中国文化是“与狼共舞”,在与发达国家和跨国公司的同台竞争中,增长了才干;当中国深化对外开放,形成蓝海战略,推动和谐亚洲、和谐世界建设的时候,中国文化应该是“长袖善舞”,显示出更强大的综合实力,更高超的产业思维,更熟练的运作技巧,在国际舞台上有更大的作为。

6. 文化共享指标,指市民和旅游者共享文化成果的数量和质量,包括文化消费的总额、文化消费占总体消费支出的比重、文化消费中高科技产品和服务所占的比重、文化消费的社会共享性等,特别是一部分弱势群体如老人、妇女和少数民族的文化消费水平,它通过一系列指标体现了文化所具有的人文精神和社会价值,也体现了中国城市文化发展的终极意义。

从上述的六大系列(一级指标)内,又细分为 18 个板块(二级指标),再细分 72 个具体指标(三级指标)。我们强调:为了便于实际操作,这三级指标的设计,原则上宜精不宜多,宜简便而不宜太难,以便于在本成果完成后,尽快投入到具体操作中去,为城市提升文化竞争力发挥实际作用。

图表 5.2 《文化城市统计评估指标体系》三级指标示意图

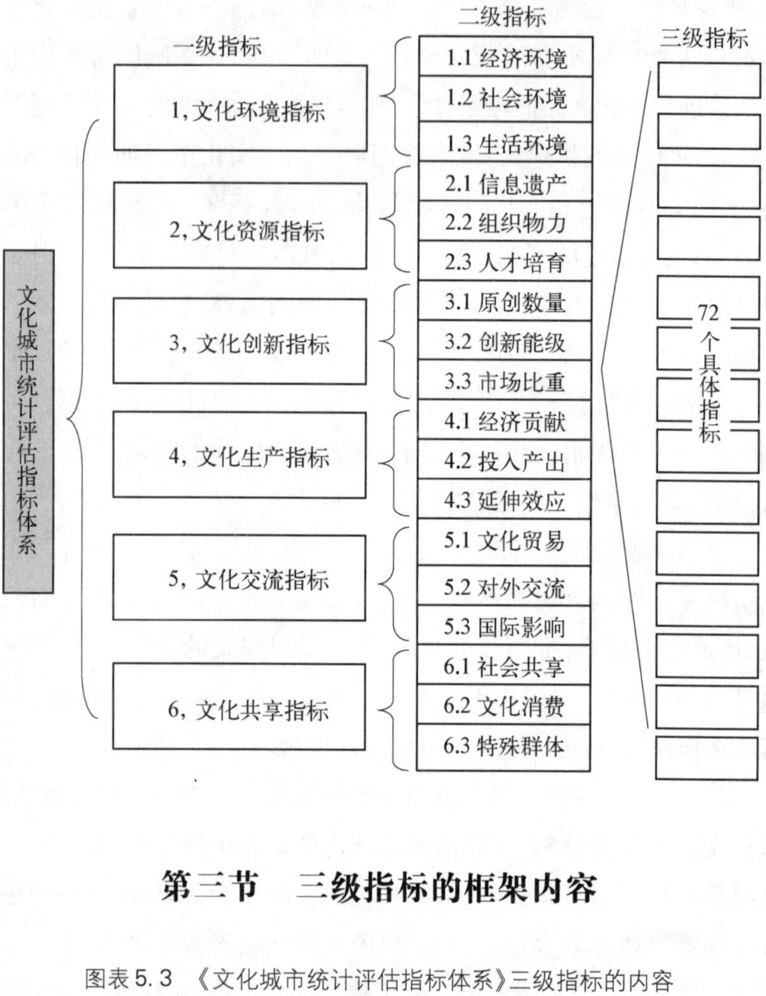

第三节 三级指标的框架内容

图表 5.3 《文化城市统计评估指标体系》三级指标的内容

一级指标	二级指标	三级指标
1. 文化环境指标	1.1 经济环境	1.1.1 人均 GDP(元)
		1.1.2 人均财政收入(元)
		1.1.3 外贸依存度(%)
		1.1.4 跨国公司和金融机构地区总部(或主要业务中心)在本市的数量(个)

续 表

一级指标	二级指标	三级指标
1. 文化环境指标	1.2 社会环境	1.2.1 万人口中刑事立案率(件)
		1.2.2 境外人士常住本市人数占本市户籍人数的比率(%)
		1.2.3 社会保险综合参保率(%)
		1.2.4 人均 R&D 经费(万元人民币)
		1.2.5 全市广播电视制作、传播包括有线电视实现数字化的程度(%)
	1.3 生活环境	1.3.1 人均公共绿地面积(平方米/人)
		1.3.2 人均预期寿命(岁)
		1.3.3 环境质量综合指数(%)
		1.3.4 万人中国际互联网用户数(个)
2. 文化资源指标	2.1 信息遗产	2.1.1 人均拥有优秀历史保护建筑和国家级、省级文化遗产(包括非物质文化遗产)的数量(个)
		2.1.2 人均拥有博物馆、纪念馆和艺术馆的数量(个)
		2.1.3 人均档案利用情况(件次)
		2.1.4 人均拥有民间艺术之乡和民间艺术特色之乡的数量(个)
	2.2 组织物力	2.2.1 市和区两级政府用于文化的支出占当年政府财政总支出的比重(%)
		2.2.2 主要文化单位固定资产原值增长率(%)
		2.2.3 主要文化艺术类企业数量的年增长率(%)
		2.2.4 文化艺术类非政府机构、非赢利机构即 NGO 和 NPO 的年增长率(%)
	2.3 人才培育	2.3.1 本市高校当年获得建筑、设计、文学、艺术类学士学位的毕业生数量(%)
		2.3.2 万人中的高级文化艺术人才数量(人)
		2.3.3 万人均群众艺术馆和文化馆(站)举办培训班的班次(次)
		2.3.4 国家和省市人文社科重点研究基地数(个)

续 表

一级指标	二级指标	三级指标
3. 文化创新指标	3.1 原创数量	3.1.1 万人合同版权登记数量(份)
		3.1.2 万人专利和发明专利授权数量(项)
		3.1.3 本市宣传文化系统在国内核心期刊发表论文(篇)
		3.1.4 软件著作权登记数(件)
	3.2 创新能级	3.2.1 设计产业获得国内外省市以上奖项的数量(个)
		3.2.2 影视和表演艺术获得国内外省市以上奖项的数量(个)
		3.2.3 宣传文化系统社会科学成果获得国内外省市以上奖项的数量(项)
		3.2.4 宣传文化系统高新技术成果转化项目认定数(个)
		3.2.5 拥有国家级文化产业示范基地、国家级动画产业基地、国家级文化产业出口基地、国家动漫游戏产业振兴基地等文化产业基地的数量(个)
	3.3 市场比重	3.3.1 本地产电视剧集占当年全国新出品产电视剧集数的比重(%)
		3.3.2 本地版图书品种占当年全国新出版图书品种的比重(%)
		3.3.3 本地产动画片产量占当年全国动画片产量的比重(%)
		3.3.4 报纸总印张数占全国报刊总印张数的比重(%)

续　表

一级指标	二级指标	三　级　指　标
4. 文化生产指标	4.1 经济贡献	4.1.1 文化产业对全市国内生产总值的贡献值(亿元人民币)
		4.1.2 文化产业贡献值占全市国内生产总值的比重(%)
		4.1.3 文化产业贡献值占全国文化产业贡献值的比重(%)
	4.2 投入产出	4.2.1 文化产业从业人员劳动生产率(万元人民币)
		4.2.2 文化产业贡献值的年增长率与文化产业从业人员数量的年增长率之比率(%)
		4.2.3 文化产业贡献值的年增长率与政府对文化投入的年增长率之比率(%)
		4.2.4 主要文化单位固定资产原值增长率与主要文化单位营业收入增长率之比率(%)
	4.3 延伸效应	4.3.1 宣传文化系统中经认定的驰名商标和著名商标数量(个)
		4.3.2 旅游产业增加值(亿元人民币)
		4.3.3 旅游外汇收入增长率(%)
		4.3.4 本市优秀文化产品申报并进入国家出口产品指导目录的数量(个)
5. 文化交流指标	5.1 文化贸易	5.1.1 版权贸易中引入和输出的品种之比率(%)
		5.1.2 图书进出口额之比率(%)
		5.1.3 表演和文化展览项目的引入和输出的金额之比率(%)
		5.1.4 本市出品的电影故事片、电视节目和动画片在境外市场营收额(万美元)
	5.2 对外交流	5.2.1 举办国际会展的数量(个)
		5.2.2 拥有国际资质认证的展览会数量(个)
		5.2.3 艺术表演团体出访的数量(次)
		5.2.4 境外艺术团体来访的数量(次)

续　表

一级指标	二级指标	三　级　指　标
5. 文化交流指标	5.3 国际影响	5.3.1 本市人士在世界级文化组织中担任的理事以上职务(个)
		5.3.2 举办国际级文化、艺术、创意类的主要节庆和博览会的数量(次)
		5.3.3 音像制品出口额(万美元)
		5.3.4 出版和印刷产品荣获国家级和国际奖项的数量(次)
6. 文化共享指标	6.1 社会共享	6.1.1 人均拥有公共文化设施的数量(个)
		6.1.2 郊县和市区人均拥有公共文化设施数量之比率(%)
		6.1.3 人均收入增长与人均教育文化娱乐支出增长的比率(%)
		6.1.4 镇文化站(文化中心)标准化建设达标率(%),
	6.2 文化消费	6.2.1 人均教育文化娱乐服务支出占人均家庭总支出的比重(%)
		6.2.2 人均主要文化消费品批发零售额(次)
		6.2.3 人均欣赏文艺演出的数量(场/人)
	6.3 特殊群体	6.3.1 万名少年儿童年均参加市、区少年宫活动人次(人次)
		6.3.2 万名残障人士年均参与社区文化活动中心和信息苑活动的人次(人次)
		6.3.3 万名女性职工年均参与市、区工人文化宫活动的人次(人次)
		6.3.4 万名离退休人士参与社区文化活动中心(含信息苑)活动的人次(人次)

第四节　指标设定的依据分析

本指标是一个由上而下的金字塔结构，按照内在的逻辑结构和操作的方便，它分为三个层次：一级指标为总体指标，共6个：二级指标为分类指标，共18个；三级指标为具体指标，共72个。这些指标兼有统计和评估的功能。

为了操作的方便，我们在设计指标的同时，考虑了数据搜集的来源，应该是尽量利用原有的指标和常规的统计渠道，包括城市统计局、城市文化局（有些城市已经把文化局、新闻出版局、版权局、广播电视局等结合在一起），所以我们在指标的后面说明，可以从有关部门获得资料。

我们经过反复的比较和研究，确定这些指标设置的根据是：

1.1.1　人均GDP（元），是目前国际上反映经济发展状况和国民财富增长的主要通用指标。（可采纳的资料来源：城市统计年鉴）

1.1.2　人均财政收入（元），是反映一个城市经济发展效益和政府管理能力的通用指标。（建议采用的资料来源：城市统计年鉴）

1.1.3　外贸依存度（%），是一个城市的进出口总额除以GDP总量得出的数据，它是衡量一个地区贸易开放程度的一个基本指标，也是反映一个地区与国际市场联系程度的标尺。随着中国加入WTO以及融入经济全球化进程，中国的外贸依存度正处于一个稳步上升的时期。外贸依存度的提高也可能加剧中国与相关国家的贸易摩擦。（建议采用的资料来源：城市统计年鉴）

1.1.4　跨国公司和金融机构地区总部（或主要业务中心）在本市的数量（个）。它从跨国公司地区总部集聚度和国际大都市产业结构优化角度，是反映地区经济发展状况的重要指标。特别是中国的城市要走向21世纪的文化城市，必然是跨国公司地区总部和国际金融机构的地区总部和业务中心集聚之地，才能发挥对全球经济的强大辐射

作用。(建议采用的资料来源：城市对外经济贸易委员会城市外国投资工作委员会)

1.2.1 万人中刑事立案率(件/万人)，它是反映一个城市法治有效程度的指标，它和万人中律师数量、交通事故死亡率等共同标明了一个地区法治的有效程度。作为一种逆向指标，万人中刑事立案率(件)应该越低越好。(建议采用的资料来源：城市公安局)

1.2.2 境外人士常住本市人数占本市户籍人数的比率(%)，是一个城市的国际化开放程度和文化多元化程度的代表性指标，也是著名学者佛罗里达所说的文化包容性(Tolerance)和联合国开发计划署多次强调的文化多样性(cultural diversity)的代表性指标。纽约、伦敦等世界城市的常住人口中，出生地为境外的人口都占15%以上的比重。一般来说，这一指标应该是比较高为好，以体现文化的多样性。(建议采用的资料来源：城市公安局)

1.2.3 社会保险综合参保率(%)，是反映一个城市社会保险发展程度的重要指标，它又从一个侧面反映了城市以人为本的水准和社会保险的市场化程度，应该是越高越好。(建议采用的资料来源：市劳动和社会保障局)

1.2.4 人均R&D投入的经费，R&D投入是指一个地区研究开发投入的经费，是国际上反映一个城市对科技研究开发重视程度的通用指标。(建议采用的资料来源：城市统计年鉴)

1.2.5 全市广播电视制作、传播包括有线电视实现数字化的程度(%)加快广播电视数字化进程，是加大新兴科技型文化产业的开发力度的基础条件。在数字化的平台上，可以推动城市的数字出版、传输和数字娱乐、网络文化产品等新形态文化产品的开发。扶持发展动漫产业园等文化科技创新载体，提升新兴科技型文化产业的孵化功能。

1.3.1 人均公共绿地面积(平方米/人)，这是指一个城市生态环境保护的代表性指标，公共绿地的扩大，有利于净化城市生态环境，提

高城市的健康水平,也是生活质量的重要标志。(建议采用的资料来源:城市统计年鉴)

1.3.2　人均预期寿命(岁)这是衡量一个地区医疗和健康水平的重要指标,从1990年代初开始,联合国贸易发展署(UNCTAD)就编制了《人类发展报告》,以人均预期寿命、人均受教育程度、人均收入这三大指标,来高度概括地衡量一个地区的人类发展水平,即HDI指标。(建议采用的资料来源:城市统计年鉴)

1.3.3　环境质量综合指数(%),这是全面建设小康社会的"一票否决"的重要衡量指标。该指数=(环境空气质量良好天数百分率×30)+(集中式饮用水源地水质达标率×20)+(水域功能区水质达标率×40)+(城市环境噪声达标区覆盖率×10),是全面衡量城市生态环境保护和综合治理的重要方面。(建议采用的资料来源:市科委、市环保局、城市统计年鉴)

1.3.4　万人国际互联网用户数(个),这是衡量一个城市信息化发展水平的指标,联合国贸易发展署(UNCTAD)曾经把万人中国际互联网用户数量的提高作为知识促进发展的基本途径之一。因为在信息化的条件下,数字化技术的平台,是加快知识和信息流动提升居民综合文化和科技素质的重要条件。(建议采用的资料来源:城市统计局)

2.1.1　人均拥有优秀历史保护建筑和国家级文化遗产的数量(个)。这是指一个城市传承文化遗产,积累文化资源的基本指标。国家级文化遗产中,不但包括了物质文化遗产,还包括了非物质文化遗产,即各民族人民世代相承的、与群众生活密切相关的各种传统文化表现形式(如民俗活动、传说、表演艺术、传统知识和技能,以及与之相关的器具、实物、手工制品等)和文化空间。(建议采用的资料来源:城市统计局、文广局、中共市委宣传部)

2.1.2　人均拥有博物馆、纪念馆和艺术馆的数量(个)。这是指一个城市传承文化遗产,建设文化基础设施和普及科技与文化知识

图6.1　伦敦的大英博物馆，以大量世界珍藏而著称，并且在建设数字博物馆方面颇有建树。

的重要指标。跨入21世纪,博物馆和纪念馆的作用,被大大提升了。它们不但是保存文物和史料的场所,而且是传承文明成果、保护文化遗产、扩大文化交流、提高市民文化消费质量的基础平台,有许多著名的博物馆和纪念馆,如伦敦的大英博物馆、纽约的大都会博物馆、巴黎的卢浮宫、上海博物馆、苏州博物馆新馆等,已经成为在海内外有广泛影响的文化标志。(建议采用的资料来源:城市统计局、文广局、中共市委宣传部)

2.1.3 人均档案利用情况(件次),这是一个国际化大城市信息化服务水平和文化资源积累的重要标志。美国国家档案局启用的“利用档案数据库(AAD)”检索工具,可以使利用者在线利用350多个数据库,涉及20个机构的文件。在中国,随着档案管理的电子化、规范化、集约化水平不断提升,档案服务的科技含量也日益提高,大大提高了档案数据库的访问率,档案利用呈现多层次化趋势。(建议采用的资料来源:城市统计局、文广局、中共市委宣传部)

2.1.4 人均拥有中国民间艺术之乡和中国民间特色艺术之乡的数量(个),中国民间艺术之乡和中国民间特色艺术之乡是由文化部命名的荣誉称号,以表彰在民间艺术的传承和开发方面卓有成效的乡村和城镇。这是反映民间文化资源保护水平的重要指标。(建议采用资料来源:市文广局、城市群众艺术馆)

2.2.1 市和区两级政府用于文化的支出占当年政府财政总支出的比重(%)。它体现了政府对于文化发展的重视程度,从该指标的增长与整个文化发展绩效的增长比较中,可以看出政府文化投入的效率。中国作为发展中国家,与美、日和欧盟等发达国家和地区不同,后者的社会财富中,企业、私人和民间机构占有很大的比重,但是中国的国力还不够雄厚,对于文化的投入,特别是公共性和公益性文化的投入,主要依赖于政府的投入,所以,从原则上说,市和区两级政府用于文化的支出占当年政府财政总支出的比重,应该是在稳定中的逐步增长。(建议采用的资料来源:城市财政局)

图 6.2 佛山祖庙：悠久的历史，精美的艺术，汇聚的人气。

2.2.2 主要文化单位固定资产原值增长率(%)，这是衡量一个城市文化基础设施建设和文化资源积累的基本指标之一。（建议采用的资料来源：城市统计局、中共市委宣传部）

2.2.3 主要文化艺术类企业数量的年增长率(%)。它是衡量文化产业发展主体的主要指标。根据国家"十一五"文化发展规划纲要，企业是文化创新的主体。所以企业数量的增长，在一定程度上标志着文化组织资源的增加和文化创新活力的增长。（建议采用的资料来源：中共市委宣传部）

2.2.4 文化艺术类非政府机构、非赢利机构即 NGO 和 NPO 的年增长率(%)。文化类的非政府机构、非赢利机构是组织社会资源参与文化活动的主要机构。国际学术界一般认为：政府、企业和非赢利机构是推动文化发展的三种主要组织形态。这三种合力的组合，将会增强文化发展的社会推动力。(建议采用的资料来源：中共市委宣传部)

2.3.1　本市高校当年获得建筑、设计、文学、艺术类学士学位的毕业生数量(%)这是反映一个地区文化人才新增数量和文化人力资源可持续发展能力的重要指标。如果作进一步的数据计算，还可以看出本市高校当年获得建筑、设计、文学、艺术类学士学位的毕业生数量占所有获得学士学位的毕业生比例，以显示文化人才后续发展的能力。(建议采用的资料来源：城市教育委员会)

2.3.2　万人中的高级文化艺术人才数量(人)。包括具有副高以上专业技术职务(副研究员、副教授、高级工程师、副研究馆员、副编审等)以及文化艺术机构中具有副高以上的思想政治工作人员专业职务(高级政工师)等的人才。统计时先统计文化艺术类的高级人才数量(个)，然后计算该类人才在常住人口总量中的比重(%)。这是体现文化艺术人才技术专业职务结构的基本指标。(建议采用的资料来源：城市人事局)

2.3.3　万人平均群众艺术馆和文化馆(站)举办培训班的班次(次)，这是一个城市对文化艺术人才的培养能力和文化普及能力的重要指标。(建议采用的资料来源：城市统计局、中共市委宣传部)

2.3.4　教育部和省市的人文社科重点研究基地数(个)，由国家认定的人文社科重点研究基地集聚了人文和社会科学方面的研究骨干，体现了人文和社会科学方面的创新活力和服务水平，这是反映一个城市人文社科研究组织机构和研究能力的基本指标之一。(建议采用的资料来源：城市教育委员会)

3.1.1　万人合同版权登记数量(份)，这是反映一个城市在出版产品领域原创性能力的基本指标。版权是文化产业和创意经济的核心要素，也是知识经济的主要流通产品，一个城市创作版权的能力和水平，直接反映了它从事文化生产的综合竞争力。（建议采用的资料来源：城市知识产权管理局）

3.1.2　万人专利和发明专利授权数量（项），这是反映一个城市在科技开发和创意设计能力方面的基本指标。（建议采用的资料来源：城市知识产权管理局）

3.1.3　城市宣传文化系统在国内核心期刊发表论文（篇），这是反映一个城市在科技文化和艺术方面的研究开发能力，特别是开发成果质量及数量的基本指标。（建议采用的资料来源：城市社会科学规划办公室）

3.1.4　软件著作权登记数（件），这是反映一个城市软件研究和版权开发能力的基本指标。（建议采用的资料来源：城市新闻出版局）

3.2.1　设计产业获得国内外省市以上奖项的数量（个），这是反映一个城市创意设计能力和国内外影响的基本标志。一个城市的工业能力和创意能力的发达，集中体现在它的设计能力，它反映了文化创意活动为工业所提供的附加值，也体现了一个城市的时尚创造能力和时尚消费水平。它包括工业设计、建筑设计、服饰设计、珠宝首饰设计、平面设计等。（资源来源：城市工业设计协会、城市广告协会、城市服装设计师协会、城市建筑学会等专业协会）

3.2.2　影视和表演艺术获得国内外省市以上奖项的数量（个），这是反映一个城市的影视和表演艺术创新能力和级别的基本指标之一。（建议采用的资料来源：城市文广局）

3.2.3　宣传文化系统社会科学成果获得国内外省市以上奖项的数量（项），这是反映一个城市的社会科学研究创新能力和国内外影响的基本指标之一。（建议采用的资料来源：城市社会科学规划办公室）

3.2.4　宣传文化系统高新技术成果转化项目认定数（个），这是反映一个城市文化领域高新技术成果转化能力的重要标志。（建议采用的资料来源：城市高新技术成果转化服务中心）

图6.3　上海外滩18号：著名历史保护建筑，也是世界著名品牌的展示中心，获得联合国的高度评价。

3.2.5 拥有国家级文化产业示范基地、国家级动画产业基地、国家级文化产业出口基地、国家动漫游戏产业振兴基地等文化产业基地的数量(个)。它表示一个城市的文化产业基地达到了国家级的能力和水平,代表了国家文化产业的综合实力,也就获得了国家有关部委在政策、资金、许可证、出口等方面的应有支持。(建议采用的资料来源:城市文广局、中共市委宣传部、城市统计局)

3.3.1 本地产电视剧集占当年全国新出品产电视剧集数的比重(%),这是反映沪产电视剧在全国新出品的电视剧中所占比重的基本数据之一,体现了本地电视剧生产在全国市场中的占有率。(建议采用的资料来源:城市文广局)

3.3.2 本地版图书品种占当年全国新出版图书品种的比重(%),这是反映本地版图书在全国新出版的图书中所占比重的基本数据之一,体现了本地出版产业在全国市场中的占有率。(建议采用的资料来源:城市新闻出版局)

3.3.3 本地产动画片产量占当年全国动画片产量的比重(%),这是反映本地产动画片在全国新出品的动画片中所占比重的基本数据之一,体现了本地动画片生产在全国市场中的占有率。(建议采用的资料来源:城市文广局)

3.3.4 报纸总印张数占全国报刊总印张数的比重(%),这是反映本地产报纸在全国报刊总印张中所占比重的基本数据之一,体现了本地报业在全国市场中的占有率。(建议采用的资料来源:城市新闻出版局)

4.1.1 文化产业对全市国内生产总值的贡献值(亿元人民币),这是反映本地文化产业的规模总量和经济效益的基本指标。(建议采用的资料来源:城市统计局、文广局、中共市委宣传部①)

---

① 这里指可以从上海市统计局和上海市委宣传部的《上海文化统计年鉴》等资料中获得。

4.1.2　文化产业贡献值占全市国内生产总值的比重(%),从中可以看出文化产业在本地经济中的重要性。(建议采用的资料来源:城市统计局、文广局、中共市委宣传部)

4.1.3　文化产业贡献值占全国文化产业贡献值的比重(%),从中可以看出文化产业在全国文化产业中的规模优势和增长速度,要将本地文化产业贡献值与全国文化产业贡献值的数据进行处理后获得。从理论上讲,该比率的数值越大越好。(建议采用的资料来源:城市统计局、文广局、中共市委宣传部)

4.2.1　文化产业从业人员劳动生产率(万元人民币),根据一个城市的文化产业对国内生产总值的贡献值和从业人员的数量的数值进行处理后得出,是反映本地文化产业绩效、投入和管理运作水平的重要指标。从理论上讲,该比率的数值越大越好。(建议采用的资料来源:城市统计局、文广局、中共市委宣传部)

4.2.2　文化产业贡献值的年增长率与文化产业从业人员数量的年增长率之比率(%),根据文化产业对国内生产总值贡献值的增长率和文化产业从业人员的增长率得出,是反映本地文化产业绩效的重要指标。从理论上讲,两者之比的数值越大越好。(建议采用的资料来源:城市统计局、文广局、中共市委宣传部)

4.2.3　文化产业贡献值的年增长率与政府对文化投入的年增长率之比率(%),这是反映政府对文化产业投入的效益和管理能力的重要指标。从理论上讲,增长越高,投入越低,则投入产出比越高,文化产业的绩效越好。(建议采用的资料来源:城市统计局、文广局、中共市委宣传部)

4.2.4　主要文化单位营业收入增长率与主要文化单位固定资产原值增长率之比率(%),这是反映主要文化单位资源存量与增量效益的重要指标。文化单位也必须进行严格的绩效考核。其资源存量越低,而营业收入越高,则经营效益越好;反过来,如果资源存量越高,而营业收入越低,则经营效益越差。(建议采用的资料来源:城市统计局、文广局、中共市委宣传部)

4.3.1　宣传文化系统中经认定的驰名商标和著名商标数量(个)。它包括两类数据：(1) 经认定的中国驰名商标数量；(2) 经认定的城市著名商标数量。著名商标的数量是一个综合性指标，既代表了工商业发展的水平，也代表了知识产权保护的水平，还体现了创意、设计、媒体、会展和国际化推介的水平，是一个地区文化发展水平的重要指标。(建议采用的资料来源：城市工商行政管理局)

4.3.2　旅游产业增加值(亿元人民币)，它包括门票、旅行社、酒店等的综合收入。越是旅游产业发达的城市，旅游者的购物和多样化活动消费所占的比重越高。所以，旅游产业增加值从一个侧面反映了一个城市文化艺术的发达程度。(建议采用的资料来源：城市统计局、中共市委宣传部)

4.3.3　旅游外汇收入增长率(%)，它反映了一个城市的国际化程度。其文化包容性越大，服务的国际化程度越高，城市的文化品牌效应越明显，吸引的国际游客就越多，旅游外汇的收入增长就越快。(建议采用的资料来源：城市统计局、中共市委宣传部)

4.3.4　本市优秀文化产品申报并进入国家出口产品指导目录的数量(项)，它直接反映了本市优秀文化产品在国家出口产品中所占的比重和意义，代表了本市优秀文化产品的国际竞争力。

5.1.1　版权贸易中输出和引入的品种之比率(%)，它是一个城市的原创能力、对外文化贸易，及其总体上参与国际文化交流与竞争能力的重要指标。从理论上讲，应该是两者稳步增长，而且版权输出品种略大于引入品种为良性运行状态。(建议采用的资料来源：城市统计局、中共城市委宣传部)

5.1.2　图书进出口额之比率(%)，它是一个城市对外文化贸易的重要指标，反映了本地版权产业在国际市场上的竞争能力。从理论上讲，应该是两者稳步增长，而且图书出口额大于进口额为良性运行状态。(建议采用的资料来源：城市统计局、中共市委宣传部)

5.1.3　表演和文化展览项目的输出和引入的金额之比率(%)，它是一个城市对外文化贸易的重要指标,反映了本地演艺和展览产业在国际市场上的竞争能力。从理论上讲,应该是两者稳步增长,而且出口额大于进口额为良性运行状态。(建议采用的资料来源: 城市文广局)

5.1.4　本市出品的电影故事片、电视节目和动画片在境外市场营收额(万美元),它是一个城市对外文化贸易的重要指标,反映了本地影视产业在国际市场上的竞争能力,也从一个侧面反映了这个城市在国际文化中的影响力。(建议采用的资料来源: 城市文广局)

5.2.1　举办国际会展的数量(个),它反映了一个城市会展产业的规模和经济效益,并且从一个侧面反映了城市的媒体、广告、咨询、演艺等产业的发展水平。(建议采用的资料来源: 城市统计局、中共市委宣传部)

5.2.2　拥有国际资质认证的展览会数量(个),它反映了一个城市展览产业发展的水平和国际影响,也反映了一个城市的国际文化竞争力。(建议采用的资料来源: 城市展览协会)

5.2.3　艺术表演团体出访的数量(次),这是反映一个城市演艺产业国际竞争能力和经营业绩的重要指标。(建议采用的资料来源: 城市文广局)

5.2.4　境外艺术团体来访的数量(次),它反映了一个城市演艺市场的国际化程度,是体现文化多样化和包容性程度的重要指标。(建议采用的资料来源: 城市文广局)

5.3.1　本市人士在世界级文化组织中担任的理事以上职务(个),它反映了一个城市的文化代表人物之国际影响,从一个侧面反映了一个城市参与国际文化活动的能量和级别。(建议采用的资料来源: 城市人事局、中共市委宣传部)

5.3.2　举办国际级文化、艺术、创意类的主要节庆和会展的数量(次),它反映了一个城市文化发展的国际化影响,是体现文化多样化和包容性程度的重要指标。比如2004年在苏州举办的联合国教科文组织世界遗产大会,就是一次意义深远的重大会议,它是第一次在中国举行的世界遗产大会，它不但有助于中国申报世界遗产，而且扩大了苏州和中国的文化影响，提高了中国遗产保护事业在国际上的影响。（建议采用的资料来源：城市文广局、中共市委宣传部）

5.3.3　音像制品出口额（万美元），它是一个城市对外文化贸易的重要指标，反映了本地出品的音像制品在国际市场上的竞争能力，也是联合国教科文组织统计的全球文化货品输出贸易金额的重要内容①。（建议采用的资料来源：城市文广局）

图6.4　上海国际文化服务贸易平台，充分利用浦东新区和外高桥保税区等的综合优势，成为推动中国文化走向国际市场的良港。

① 联合国教科文组织报告：《1994—2003 年核心文化货品和服务的国际贸易趋势：界定与掌握全球文化贸易趋势》（*International Flows of Selected Cultural Goods and Services, 1994 - 2003: Defining and Capturing the Flows of Global Cultural Trade*）。

5.3.4　出版和印刷产品荣获国家级和国际奖项的数量（次）①，它是一个城市的出版印刷产业综合竞争力和国际影响的重要指标，随着数字化技术在出版领域的广泛采用，出版和印刷产业的科技含量越来越高，它也成为一个城市的科技、文化、艺术、创意综合水平的显示。（建议采用的资料来源：城市新闻出版局、城市印刷行业协会）

6.1.1　人均拥有公共文化设施的数量（个），这是反映一个城市的文化共享能力的重要指标，也反映了政府和公共组织的文化服务能力。（建议采用的资料来源：城市统计局、中共市委宣传部）

6.1.2　郊县和市区人均拥有公共文化设施数量之比率（%），这是反映一个地区对农村人口文化关怀能力的重要指标，反映了农村人口享受文化成果的水平。该指标数值应该是越小越好，以此来显示城乡文化共享和文化建设的人文价值之体现程度。（建议采用的资料来源：城市统计局、中共市委宣传部）

6.1.3　人均收入增长率与人均文化娱乐支出增长率的比率（%），这个指标反映了一个地区人均文化娱乐支出增长率与人均收入增长率的同步情况。该指标的数值应该是保持平衡，适度超前，以此来显示文化消费增长的程度。（建议采用的资料来源：城市统计局、中共市委宣传部）

6.1.4　镇（社区）文化馆、站（文化中心）标准化建设达标率（%），这是反映城乡居民享受数字化内容服务的重要指标，也是体现一个城市文化建设的信息化程度的重要指标。该指标的数值应该是在合理的限度内，稳步增长为佳。（建议采用的资料来源：城市统计局、中共市委宣传部）

6.2.1　人均教育文化娱乐服务支出占人均家庭总支出的比重

---

①　近年来，中国出版印刷产业一再在国际上获得重大奖项，包括荣获具有印刷界奥斯卡奖之称的“美国印制大奖”——全球印刷界最高荣誉奖“Benny Award”大奖；荣获号称印刷界金球奖的香港出版学会、香港印艺学会、香港贸易发展局、康乐文化事务署及香港生产力促进局合办的“香港印制大奖”等。

(%),这是衡量一个城市公民文化生活质量的重要指标。中国国家发改委等有关单位把人均教育文化娱乐服务支出占人均家庭总支出的比重达到11%作为小康社会的标志之一。(建议采用的资料来源:城市统计年鉴)

6.2.2 人均主要文化消费品批发零售额(人民币元),这是反映市民文化消费水平和购买主要文化消费品的重要指标。(建议采用的资料来源:城市统计局、中共市委宣传部)

6.2.3 人均欣赏文艺演出的数量(场)这里指的文艺演出,是获得文化管理部门的演出许可证的正式演出项目。按常住人口平均计算,每一个城市人均文艺演出场次,反映了该城市演艺创作、演艺队伍、演艺设施、国际交流的发达程度,也反映了人民文化娱乐消费的水平,是一个反映文化城市实力的重要指标。(建议采用的资料来源:城市统计局、中共城市委宣传部)

6.3.1 万名少年儿童年均参加市、区少年宫活动人次(人次),这是反映一个特殊社会群体——少年儿童参与少年宫活动的主要指标,反映了少年儿童文化生活的基本质量。(建议采用的资料来源:共青团城市委员会)

6.3.2 万名残障人士年均参与社区文化活动中心(含信息苑)活动的人次(人次),这是反映一个弱势群体——残疾人参与社区文化活动的主要指标,反映了残疾人共享城市文化成果的水平。(建议采用的资料来源:城市残疾人联合会)

6.3.3 万名女性职工年均参与市、区工人文化宫活动的人次(人次),这是反映女性职工参与文化活动的主要指标,由于历史、社会和生理上的诸多原因,女性职工参与文化活动的频率和深度,一般要逊于男性职工。所以,对女性文化活动水平的关怀,体现了这套统计评估指标的人文关怀,从量化的意义上反映了社会对女性职工的文化关怀和女性共享城市文化成果的水平。(建议采用的资料来源:城市妇联)

6.3.4　万名退休职工参与社区文化活动中心(含信息苑)活动的人次(人次),这是反映弱势群体——退休职工参与文化活动的主要指标,反映了社会对老年人的文化关怀和老年人共享城市文化成果的水平。(建议采用的资料来源:城市退休职工管理委员会)

第五节　指标体系的内在联系

设立6大系列,18个板块和72个指标的基本依据是:

从外部关系上看,主要评估城市经济、科技、生态和社会环境对提升文化发展的支持作用,同时也分析文化发展对城市现代化建设的促进力度。城市的整体环境越是优良,对文化发展的支持力度就越大。

从内部关系看,主要看文化资源、文化创新、文化生产、文化交流、文化共享的五大重点环节之间,能否协调发展,良性互动。其中资源是基础,创新是先导,生产是规模,交流是传播,共享是绩效。这五大板块协调发展的效果越明显,则文化建设的规范性、国际化和科学化水平就越高,说明党和政府对文化工作的领导就越有效。

从纵向比较看,主要评估近年来城市的各项指标的变化曲线,以

图表5.4　《文化城市统计评估指标体系》的内在逻辑关系

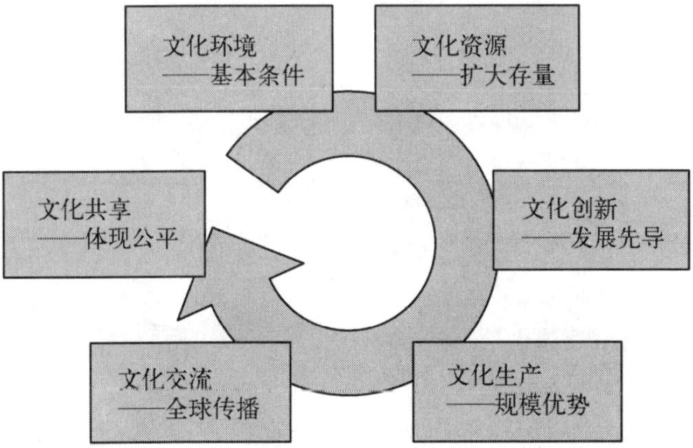

及它们之间的相互联系,从而看出城市文化竞争力的总体效率,以及存在的问题。如果它们的发展指数呈现一种动态的和缓曲线,就是比较良性的发展,如果它们的发展指数呈现大起大落的倾斜曲线,就说明内部板块的不平衡,需要进行灵活的调节,由此提出提升城市文化竞争力的创新思路和对策建议。

第六章
指标数据的采集方法

第一节　采集方法的基本要求

在本统计评估指标体系设计完成后，有关部门进行数据采集的方法，要切实可行，宜通过两大途径：

1. 尽量利用现有权威性的统计资料（如《城市统计年鉴》、《城市科教兴市统计手册》、《城市文化统计概览》等），对已有数据进行确认和标准化处理。有些数据要经过多次计算才能获得。

2. 现有统计数据中暂缺的，委托有关部门如城市统计局、城市文广局、城市出版管理局、城市知识产权管理局、城市教育委员会、城市展览协会等专业部门等进行搜集或者调查。这样可以充分利用现有的数据和管理系统，以提高工作效率。有些数据要经过多次处理才能获得。同时，保持数据的连续采集，逐步形成一个完整的城市文化竞争力指数数据库。

第二节　标准化处理的要求

在获得指标的数据之后，必须对指标进行标准化处理，才能进入下一阶段的科学分析。对指标进行标准化处理的总体原则是：通过对实际值、最小值和最大值的处理，实现归一化和无量纲化。

考虑到文化城市的 72 个指标涵盖的领域非常广泛，而且出现了正向指标、逆向指标和适度指标并存的十分复杂的情况，所以在进行具体处理时，要分门别类，采用如下的办法：

(1) 对于正向指标（越大越好），计算公式为：评价分值 = $[(X_i - min)(max - min)] \times 100$；

(2) 对于逆向指标（越小越好），计算公式为：评价分值 = $[(max - X_j)(max - min)] \times 100$；

(3) 对于适度指标（存在临界阈值），计算公式为：评价分值 = $[\,|X_t - X_k|\,(max - min)] \times 100$。

其中，X_i为正向指标所具有的数据（$i = 1, 2, 3, \cdots, n$）；X_j为逆向指标所具有的数据（$j = 1, 2, 3, \cdots, n$）；max 为指标系列中的最大值；min 为指标系列中的最小值；X_k为适度指标所具有的数据（$k = 1, 2, 3, \cdots, n$）；X_t为指标系列的临界阈值。

通过以上严谨的分类的标准化处理，以此实现各类统计数据的归一化和无量纲化，这是实现文化城市综合统计评估指标工作的一个必要条件。由于中国城市大多是在 1990 年代以后，进入了一个大规模的建设时期，重视文化规划和文化建设也是近年来的重点工作，可能有许多数据缺乏历史的积累。所以，要实现各类统计数据的归一化和无量纲化，其中的最大值可以参照发达国家的指标或者根据本地区历史数据的预测。最小值根据本地区历史数据的分析得出。这样以达到既与国际接轨，又适应城市实际情况和文化城市指标工作要求的目的。经过这样的处理，就为实现文化城市指标数据的科学采集和分析，打下了重要基础。

第三节　权重设计的基本模式

权重设计是评价指标体系的内容之一，是将所搜集数据进行数学处理的手段。经过对海内外指标统计方法的比较分析，立足文化城市统计评估指标的具体要求，我们采用层次分析法（简称 AHP 法）。这是经过反复比较之外，比较适应文化城市统计和评估指标的一种有效方法。

AHP 方法属于常用的决策分析方法，一般要建立递阶层次结构，先把城市文化竞争力这一个复杂的问题分成若干个子问题。然后把每一个子问题再按属性分成若干组以形成不同层次。同一层次的元素作为准则对下一层次的一些元素起支配作用，同时它又受上一层元素的支配。

这样，经过仔细的计算，这种从上至下的支配关系形成了一个递阶层次。比如第一层元素数值为 1，那么第二层 3 个元素数值之和为 1(如 0.3，0.3，0.4)，而第二层元素数值再支配第三层元素的数值赋予。这样得出的结果，就形成一个权重数据的梯形结构。所有权重的判断数据将来自于专业设计和专家调查。

第七章
指标评估的解读重点

第一节　指标评估的年度比较

在获得连续3—4年的文化城市统计评估指标的数据之后，可以对它们进行深入分析。解读和研究的重点首先是：从连续3—4年文化城市指数的起落变化，进行城市文化发展的年度比较。

世界银行在报告《2020年的中国》①中指出：当前的中国正面临着两个转变：从指令性计划向市场经济的转变和从农村、农业社会向城市化与工业化社会的转变，迄今为止，这两个转变取得了令人瞩目的成就。中国只用了一代人的时间，就取得了其他国家用了几个世纪才能取得的成就。在一个人口超过非洲和拉丁美洲人口总和的国家，这是我们这个时代最令人注目的发展。但是中国也面临着巨大的挑战：宏观经济不稳定，越来越大的环境压力，难以削减的贫困等。世界银行的报告认为中国有能力应付这些挑战，并且保持快速增长。但是如果中国在2020年要建设成为一个具有竞争活力同时又充满关怀的社会，必须在下面三个方面进行艰苦的努力：一、鼓励开拓市场力量，充分发挥市场在配置资源、推动经济发展方面的作用；二、将政府的职能转向建立快速发展经济所需要的法律、社会、物质及体制基础，

---

① 世界银行：《2020年的中国——新世纪的发展挑战》，中国财政经济出版社1997年版。

为市场服务；三、深化与国际经济一体化。

2005 年 5 月，国家主席胡锦涛在北京出席《财富》全球论坛开幕式并发表重要演讲指出：中国已经明确了本世纪头 20 年的奋斗目标，这就是紧紧抓住重要战略机遇期，全面建设惠及十几亿人口的更高水平的小康社会，到 2020 年实现国内生产总值比 2000 年翻两番，达到 40 000 亿美元左右，人均国内生产总值达到 3 000 美元左右，使经济更加发展、民主更加健全、科教更加进步、文化更加繁荣、社会更加和谐、人民生活更加殷实。我们深知，中国在相当长时期内仍然是发展中国家，从中国有 13 亿人口的国情出发，实现这个奋斗目标是很不容易的，需要我们继续进行长期的艰苦奋斗①。

经过 30 多年来的改革开放，2010 年中国国内生产总值达到了 397 983亿元，中国的经济规模成为继美国之后的世界第二大经济体。美国高盛资产管理公司主席、"金砖国家"一词发明人吉姆·奥尼尔预测中国在 2027 年会超过美国，成为世界第一大经济体。那时的中国依然处于向现代经济体转变过程的相对初级阶段。到 2050 年，全世界最大的三个经济体将是中国、美国和印度，而英国和德国将分居第九位和第十位。正像有的国外学者所说，这些经济预测惊心动魄，中国的崛起将会以极其深远的方式改变整个世界的面貌。与此同时，无论是国际研究机构的分析报告，还是国内发布的数据，又都把中国城市化的进程列为中国在 21 世纪必须面对的一个重大课题。世界银行报告《2020 年的中国》明确指出：中国能否在 2020 年成功，取决于它建设一个既充满竞争活力，又充满关怀的社会。美国新版的《世界城市》指出："都市化是一个过程，包括两个方面的变化。一是人口从乡村向城市运动，并在都市中从事非农业工作；二是乡村生活方式向城市生活方式的转变，包括价值观、态度和行为等方面。第一方面强调

---

① 《胡锦涛：2020 年中国人均 GDP 目标指向 3 000 美元》，《新闻晨报》2005 年 5 月 17 日。

人口的密度和经济职能,第二方面强调社会、心理和行为因素。实质上这两方面是互动的。”

随着中国经济、社会和文化的发展,城市综合实力的提高是一个历史的趋势。从总体上看,城市经济社会发展的各项指数是一个稳步发展的曲线,城市文化竞争力是城市综合竞争力的重要组成部分,所以,文化城市指数也应该是一个相应发展的趋势,我们在掌握了大量数据之后,可以看出各年度的发展态势和优劣。

第二节 指标评估的板块比较

文化环境、文化资源、文化创新、文化生产、文化交流、文化共享的六大重点环节之间,能否协调发展,良性互动。其中环境是支撑,资源是基础,创新是先导,生产是规模,交流是传播,共享是绩效。它们之间的关系,应该以一种相互拉动,动态平衡。如果各个板块的指数之间,出现了很不平衡情况,则说明运行机制欠佳,需要及时进行调整。

比如,近年来苏州的文化建设发展迅速。苏州在文化资源的保护和积累方面,具有突出的强项。苏州文化遗产数量仅次于北京,排名中国第二位,9 座苏州古典园林被列入世界文化遗产,吴歌、江南丝竹、苏州玄妙观道教音乐、昆曲、苏剧、苏州评弹、苏绣、桃花坞木刻年画、苏州缂丝织造技艺、香山帮传统建筑营造技艺、苏御窑金砖制作技艺、明式家具制作技艺、制扇技艺、剧装戏具制作技艺、苏州端午节、苏州甪直水乡妇女服饰列入世界非物质文化遗产名录。长期以来,苏州对文化遗产工作非常重视。2004 年 6 月 28 日至 7 月 7 日,筹备两年,耗资巨大的第二十八届世界遗产大会在苏州召开。在大会期间,苏州的水乡风貌、古城美景和文化底蕴,都毫无保留地展现在来自世界 104 个国家的 559 名大会代表和 200 多名中外记者面前,给他们留下了深刻的印象。“世界遗产大会是苏州旅游业最好的广告。”2006 年,苏州

图 7.1　太仓隶属苏州市，是江海交汇处的一颗明珠。

市又成为“世界遗产城市联盟”第 209 个城市。世界遗产城市联盟是联合国教科文组织的一个下属组织机构，是一个非营利性、非政府的国际组织，该组织的宗旨是负责沟通和执行世界遗产委员会会议的各项公约和决议，借鉴各遗产城市在文化遗产保护和管理方面的先进经验，进一步促进各遗产城市的保护工作。苏州在保护和挖掘文化遗产之后，又一次将城市推向了国际人们的视野之中。

特别要指出的是：为承办 2010 年世博会，长三角城市联合设立了“长三角世博主题体验之旅示范点”，其中，苏州有多个风景优美、生态良好、文脉深厚的景区入选，包括"中国第一水乡"（苏州·周庄）、"东方水城的古今风情"（苏州·古城与新区/盘门/金鸡湖/山塘街）、"城里的小桥、流水、人家"（苏州·市井生活/同里古镇/木渎古镇/锦溪古镇/千灯古镇）、"生态休闲家园"（苏州·世外桃源/金仓湖/阳澄湖莲花岛/沙家浜），引来游人如织，借助世博会机遇，扩大了苏州的美誉度和知名度。所以，对于苏州来说，就有一个发挥资源优势，强化创新活力，形成产业规模，提升综合实力的文化战略对策。有鉴于此，在苏州的文化发展规划中，先后提出了重点推进十大文化工程、重点建设八大公共文化设施、重点建设八大文化产业项目等，很显然，这就是在文化建设的各个板块之间，进一步保持动态平衡，增强综合实力的一种明智之举。

第三节　指标评估的峰值比较

找出各个年份和各个板块之间的最高值和最低值，以看出在连续3—4年一个城市文化竞争力指数的变化中，哪些板块和哪些年份出现了增长的最高值，又出现了哪些最低值，进一步分析为什么这些最高值和最低值会集中在某些年份和某些板块中，其起伏变化的内在原因又是什么，它们之间彼此有什么关系，怎样来破解其中的瓶颈，保存文化建设可持续发展的势头。

图表 7.1　2006—2008 年某城市文化城市指数模拟数据

年份	文化环境指数	文化资源指数	文化创新指数	文化生产指数	文化交流指数	文化共享指数
2006	4	3.7	4.8	4.7	3.9	4.4
2007	4.3	4.5	3.8	4.5	4.8	4.1
2008	4.4	4.6	4.3	4.9	4.4	5

说明：以上数据皆为假设，以作为一种模拟图像来显示指数分析的直观效果。

图表 7.2 2006—2008 年某城市文化城市指数模拟图

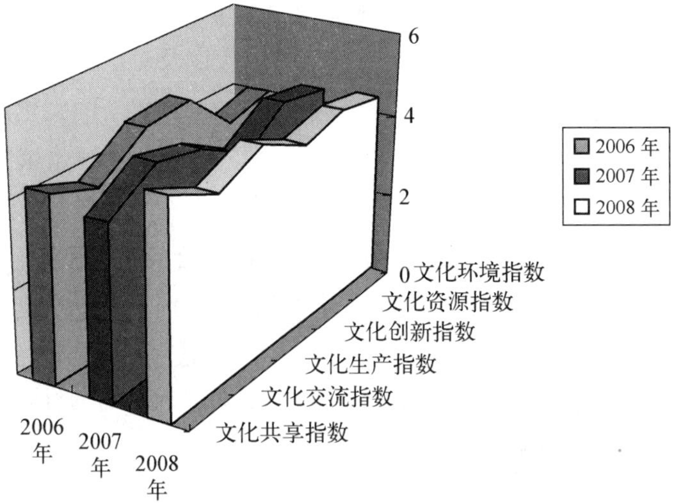

从中就可以看出：每一年度这个文化城市指标的六大板块的动态平衡程度(2008 年为最佳)，也可以看出：连续三个年度中，文化城市指标的最高值和最低值，以及它们的集中分布程度，找出它们的许多内在根据和变化规律。从上图可以看出：相对来说，在总体创新和环境支持方面，一个城市的文化建设做得很好，而在资源培育和国际交流方面，城市的文化指标比较滞后，可能是这一个年份，对国际交流方面的创新开拓做得还很不够，缺少参与国际文化交流的有效办法等，这对城市文化的其他指标有不利的影响，这就是提升城市文化发展能力的重要突破口。

第四节 指标评估的横向比较

以有关城市的"文化城市"指数与国内其他直辖市、省会和计划单列市进行比较，以看出该城市文化发展水平在国内城市中的地位。同时，以该城市的文化发展指数与其他国际化大都市进行比较，以看出该城市文化发展水平在国际上的地位。

比如,一个城市对古代艺术的收藏和保护,展示和象征自己悠久的历史和源源不断的古老文明,那么一个城市的当代博物馆则展示了当代艺术家对社会现实生活不断发展的思考以及对于正在飞速发展的世界的认识与把握,代表着一个城市不断发展、更新的文化活力和艺术面貌。所以,许多城市的博物馆在发展,它们关于博物馆的定义也在变化。

1960 年的博物馆定义:一栋永久建筑,为公共利益经营,用种种方法达成保存、研究和提升精神价值的目标,特别是为公众娱乐和教育而展示具有文化价值的物件或标志艺术、历史、科学和工艺的收藏,动植物园、水族馆等均属之,公共图书馆、文献保存机构等只要永久性都可以考虑以"博物馆"之名称。

1970 年的博物馆定义:一个以物件为主要沟通方式的设施。

1986 年的博物馆定义:一个社会及其发展服务的非营利性,对外开放的永久机构,为研究、教育及娱乐目的,且对人类及环境的物质见证,从事收集、研究、保存传播及展览。

2009 年的博物馆定义:一个传承人类各类文化积累,以非营利的研究、教育和娱乐为目标,为社区居民和旅游者建立的公共服务空间。

在发达国家中,每一个主要中心城市,无论其财力大小,都力图建立一个世界级水平的艺术博物馆。在美国,从 1950 年至 1980 年间有 2 500多个博物馆开张,平均几乎 5 天就有一个。博物馆也成为当代艺术最重要的买主和藏家。它们从联邦政府、州政府、市政府、民间团体、企业和私人那里获得资金。与收藏家不同,博物馆有责任完成其年度收藏计划,以体现其文化价值指向,而收藏家购买藏品只是出于他们的个人兴趣。当代艺术的博物馆显然代表着一个国家和地区的实力,美国、日本、德国、法国、英国等均投入重资建造现代艺术博物馆。一个国家的当代及现代艺术博物馆是其整体文化形象的最好说明。美国斯密斯桑尼亚博物馆群、纽约现代艺术博物馆、古根海姆博

图 7.2　美国纽约的古根海姆艺术博物馆，是举世闻名的优秀建筑设计和艺术博物馆。

物馆，法国巴黎的蓬皮杜艺术馆，德国科隆的路德维希博物馆，西班牙的比尔巴鄂博物馆均是其中的佼佼者。

中国作为发展中国家，许多城市的博物馆在发展中，我们应该借鉴发达国家的城市博物馆的体制和机制。以社会价值上说，一个城市的艺术博物馆肩负着保存、展示与全人类的文化艺术品的神圣使命，世界著名的大都会都有其值得骄傲的博物馆。艺术博物馆塑造了一个都市文化的品格，积累着文化底蕴，培养着大众的文化素养，激发他们的创造力和对生活的热爱。

第五节　形成文化的战略对策

设计文化城市统计评估指标的最大意义在于：在解读文化城市指数和进行各类比较的意义上，分析相关城市提升文化竞争力存在的问题，凸显它们的内在原因和相互联系，从而提出对自己城市发展文化的对策建议。

2011年10月中共十七届六中全会文件，做出了深化文化体制改革，推动文化大发展大繁荣，建设世界文化强国的战略部署。这对于中国推进文化城市的建设，是一个巨大的鼓舞，也鼓励我们对文化城市的建设，采取更加科学和均衡，推动可持续发展的理念和路径。比如，当我们发现一个城市的文化创新活力不强，就可以从它的文化基础设施和交流能力上，发现改进的突破口。在现代社会，文化的创新，是以艺术的传播和与热爱艺术的大众为基础的，也就必须要以艺术展示和艺术教育以及艺术评论者为中介，现代大规模的艺术传播和艺术教育则是通过对艺术作品的商业开发和公益性社会文化福利制度来实施的，因此使艺术普及成为日常生活中不可或缺的消费内容和精神支柱。在一个城市中，持续举办大型国际艺术展，等于是建立国际文化网络中的高地与港湾。

我们可以思考：中国建设文化城市很有必要借鉴发达国家的经验，逐步举办大型国际艺术展览。它必须以艺术博物馆为依托，类似于德国的卡塞尔文献展和意大利威尼斯双年展，两者均有较长的历史和广泛的影响。世界各国均选送代表本国当代艺术发展的艺术家参展，甚至在威尼斯，世界主要国家自己出资建立本国的主题馆。这样大型的国际性展览为当代艺术提供了一种比较的可能，各国的艺术家云集于此，也为城市居民享受文化艺术提供了一个重要的机遇。超过数十万的艺术爱好者和旅游人口不仅为主办地区带来巨大的收益，同时展览会也成为当代国际艺术舞台和世界文化交流活动的“奥林匹克大会”。

图 7.3　西班牙巴塞罗那民俗村，是为迎接 1929 年世博会所建，是世界上最早建设的民俗村之一，也是该市的文化地标之一。

艺术博物馆、图书馆、艺术中心、画廊和艺术节，都配合有场刊招贴、明信片、展览信息、讲座等多种形式的消费产品和服务，为公众提供了一种可靠的接触、欣赏、购买、收藏艺术品和艺术复制品的渠道。在艺术博物馆，艺术大师的作品被制作成各种书籍、纪念品、录像、日用品等，这些产品以商品和消费的方式进入大众的日常生活之中。这不是一种单纯的经济运作，而是一个具有大众文化特征的系统工程。它涉及将艺术的文化价值转化为经济效益，同时也通过商业的方式将艺术的知识理念普及、推广并根植于大众生活之中。艺术的商品化过程，同时也是一个文化的教育过程，从而不断地推动城市的文化走向更高的水平。

结束语

美国哈佛《商业评论》2004 年 1 月号,在“哈佛经典”专栏介绍了迈克尔·波特的新作《什么是战略?》。这位有“竞争战略大师”美称的学者,对“战略”的含义作了新注释:一是“创造一种独特、有利的定位”,二是“在竞争中做出取舍,其实质就是选择不做哪些事情”,三是在“各项运营活动之间建立一种配称”。一言以蔽之,战略就是三大环节:定位、取舍、组合。一位哲人说得好:“没有明确目标,不能长途跋涉!”越是走向艰巨复杂的宏大目标,越是需要整体性、长远性、基本性的谋划。在中国的城市中,要建设一批被世界公认的“文化城市”,就需要建立整体性、长远性的战略思维,而这种战略思维,是以一套科学的统计评估指标作为基础的。我们相信:中国的城市发展,依托中华民族和平崛起的伟大潮流,顺应全球化和数字化的发展趋势,一定会在建设文化城市的过程中,为人类做出更大的贡献。

主要参考资料

1. 中共十七届六中全会文件,2011 年。

2. 胡锦涛:《始终坚持先进文化的前进方向,大力发展文化事业和文化产业——在中共中央政治局第七次集体学习时的讲话》。

3. 温家宝:《未来中国的走向——在英国皇家学会的演讲》。

4. 联合国贸发会议等机构联合编写:《创意经济报告 2010》(UNDP & UNCTAD, *Creative Economy Report 2010*),英文版。

5. 联合国教科文组织:《创意城市网络——一个区域活力的全球化平台》(UNESCO, *The Creative Cities Network — A Global Platform for Local Endeavour* 英文版)。

6. 联合国教科文组织:《着力文化多样性与文化间对话》(UNESCO's, *Investing in Cultural Diversity and International Dialogue*),英文版,2010 年 www. unesco. org。

7. 英国国家科学和艺术基金会:《英国怎样建立世界水平的创意经济(NSETA, *Creating Growth: How the UK can develop world class creative businesses*)。

8. 查尔斯·兰德利、费尔·伍德:《跨文化的城市——多样性优势的规划》(*Charles Landry & Phil Wood*, The Intercultural City: Planning for Diversity Advantage),英文版,2007。

9. 江莉莉、贾斯丁·欧·科纳主编:《创意经济、创意城市——亚洲和欧洲的视野》(*Lily Kong, Justin O'Connor Editors*, Creative Economies, Creative Cities: Asian-European Perspectives),英文

版,2009。

10. 世界银行报告:《2020 年的中国》,中国财经科学出版社 1998 年版。

11. 理查德·瑞吉斯特:《生态城市——重建与自然平衡的城市》,中译本,社会科学文献出版社 2010 年版。

12. 乔尔·科特金:《新地理:数字经济如何重塑美国地貌》,中译本,社会科学文献出版社 2010 年版。

13. 台湾财团法人台湾智库:《台湾文化指标 *TWCI*——建构兼具气质与实质的永续台湾文化指标系统》。

14. 罗红波主编:《城市:全球化网络的节点》,社会科学文献出版社 2011 年版。

15. 屠启宇主编:《世界城市蓝皮书》,社会科学文献出版社 2012 年版。

16. 尹继佐主编:《世界城市与创新城市》,上海社会科学院出版社 2003 年版。

17. 查尔斯·兰德利:《创意城市》,清华大学出版社 2010 年版。

18. 花建等:《文化产业的集聚发展——从创意集群到文化空间》,上海人民出版社 2011 年版。

19. 上海市经济和信息化委员会、上海科学技术情报研究所编著:《2010 世界服务业重点行业发展动态》,上海科学技术文献出版社 2011 年版。

20. 上海社会科学院信息研究所编:《智慧城市论丛》,上海社会科学院出版社 2011 年版。